Hannah Arendt zur Einführung

Grit Straßenberger

Hannah Arendt zur Einführung

JUNIUS

Junius Verlag GmbH
Stresemannstraße 375
22761 Hamburg
www.junius-verlag.de

Umschlaggestaltung: Florian Zietz
Titelbild: © picture alliance / Fred Stein
Satz: Junius Verlag GmbH
Printed in the EU 2024
ISBN 978-3-88506-089-5
4., unveränderte Aufl. 2024

Bibliografische Information der Deutschen Nationalbibliothek
Die Deutsche Nationalbibliothek verzeichnet diese Publikation in der Deutschen Nationalbibliografie; detaillierte bibliografische Daten sind im Internet über http://dnb.d-nb.de abrufbar.

Zur Einführung ...

... hat diese Taschenbuchreihe seit ihrer Gründung 1977 gedient. Zunächst als sozialistische Initiative gestartet, die philosophisches Wissen allgemein zugänglich machen und so den Marsch durch die Institutionen theoretisch ausrüsten sollte, wurden die Bände in den achtziger Jahren zu einem verlässlichen Leitfaden durch das Labyrinth der neuen Unübersichtlichkeit. Mit der Kombination von Wissensvermittlung und kritischer Analyse haben die Junius-Bände stilbildend gewirkt.

Seit den neunziger Jahren reformierten sich Teile der Geisteswissenschaften als Kulturwissenschaften und brachten neue Fächer und Schwerpunkte wie Medienwissenschaften, Wissenschaftsgeschichte oder Bildwissenschaften hervor. Auch im Verhältnis zu den Naturwissenschaften sahen sich die traditionellen Kernfächer der Geisteswissenschaften neuen Herausforderungen ausgesetzt. Diesen Veränderungen trug eine Neuausrichtung der Junius-Reihe Rechnung, die seit 2003 von der verstorbenen Cornelia Vismann und zwei der Unterzeichnenden (M.H. und D.T.) verantwortet wurde.

Ein Jahrzehnt später erweisen sich die Kulturwissenschaften eher als notwendige Erweiterung denn als Neubegründung der Geisteswissenschaften. In den Fokus sind neue, nicht zuletzt politik- und sozialwissenschaftliche Fragen gerückt, die sich produktiv mit den geistes- und kulturwissenschaftlichen Problemstellungen vermengt haben. So scheint eine erneute Inventur der Reihe sinnvoll, deren Aufgabe unverändert darin besteht, kompetent und anschaulich zu vermitteln, was kritisches Denken und Forschen jenseits naturwissenschaftlicher Zugänge heute zu leisten vermag.

Zur Einführung ist für Leute geschrieben, denen daran gelegen ist, sich über bekannte und manchmal weniger bekannte Autor(inn)en und Themen zu orientieren. Sie wollen klassische Fragen in neuem Licht und neue Forschungsfelder in gültiger Form dargestellt sehen.

Zur Einführung ist von Leuten geschrieben, die nicht nur einen souveränen Überblick geben, sondern ihren eigenen Standpunkt markieren. Vermittlung heißt nicht Verwässerung, Repräsentativität nicht Vollständigkeit. Die Autorinnen und Autoren der Reihe haben eine eigene Perspektive auf ihren Gegenstand, und ihre Handschrift ist in den einzelnen Bänden deutlich erkennbar.

Zur Einführung ist in der Hinsicht traditionell, dass es den Stärken des gedruckten Buchs – die Darstellung baut auf Übersichtlichkeit, Sorgfalt und reflexive Distanz, das Medium auf Handhabbarkeit und Haltbarkeit – auch in Zeiten liquider Netzpublikationen vertraut.

Zur Einführung bleibt seinem ursprünglichen Konzept treu, indem es die Zirkulation von Ideen, Erkenntnissen und Wissen befördert.

Michael Hagner
Ina Kerner
Dieter Thomä

Inhalt

Einleitung

Hannah Arendt studierte in Marburg, Heidelberg und Freiburg im Hauptfach Philosophie und daneben Theologie und Griechisch. Auf die Frage von Günter Gaus, wie es zu dieser Studienauswahl gekommen sei, antwortete sie: »Ja, wissen Sie, das habe ich mir auch oft überlegt. Ich kann dazu nur sagen: Philosophie stand fest. Seit meinem vierzehnten Lebensjahr.« (GG, 53) Sich ihrer intellektuellen Begabung sehr wohl bewusst, fügt Arendt hinzu, sie habe mit vierzehn erst Kant gelesen, dann Jaspers' *Psychologie der Weltanschauungen* und daraufhin Kierkegaard. Und so habe sich das dann mit der Theologie gekoppelt. Mit Griechisch sei es etwas anders gewesen: »Ich habe immer sehr griechische Poesie geliebt. Und Dichtung hat in meinem Leben eine große Rolle gespielt. So nahm ich Griechisch dazu, weil das am bequemsten war. Das las ich sowieso.« (GG, 54)

Die Liebe zur griechischen Antike hat Arendt nie verloren, ebenso wenig wie die zu Dichtung und Literatur. Ihre leidenschaftliche Liebe zur Philosophie kühlte sich indes etwas ab. Die Studentin von Martin Heidegger und Karl Jaspers, die lieber »ins Wasser« gegangen wäre, als auf das Studium der Philosophie zu verzichten (GG, 53), lehnte später vehement die Bezeichnung »Philosophin« ab und gab als ihr Fachgebiet »politische Theorie« an (GG, 44). Ihre Abwendung von der Philosophie und die Hinwendung zur politischen Wissenschaft und Historiographie erklärt Arendt mit der Spannung zwischen Philosophie und Politik, die sich bei den meisten Philosophen zu einer »Art Feindseligkeit gegen alle Politik« gesteigert habe. An dieser Feindseligkeit wolle sie nicht teilhaben, sondern stattdessen »Politik sehen mit, gewissermaßen, von der Philosophie ungetrübten Augen« (GG, 45).

Ihre Abkehr von der Philosophie datiert Arendt selbst auf das Jahr 1933. Die 1906 in Hannover geborene und in Königsberg aufgewachsene deutsche Jüdin war viele Jahre vollkommen unpolitisch, interessierte sich nur für Philosophie und verkehrte vornehmlich in akademischen Kreisen. Am Ende der Weimarer Republik und dann mit der Machtübernahme der Nationalsozialisten war dieses politische Desinteresse nicht mehr möglich. Arendt erfuhr plötzlich, was es bedeutet, politisch verfolgt und gesellschaftlich ausgeschlossen zu werden. Aus der Erfahrung politischer Verfolgung gewann sie die »positive« Erkenntnis, dass man sich als Jude verteidigen muss, wenn man als Jude angegriffen ist (GG, 57). Konkret bedeutete dies, sich politisch zu organisieren, was in dem Fall nur heißen konnte, die Zionisten zu unterstützen. Als Kurt Blumenfeld, Präsident der Zionistischen Vereinigung für Deutschland, mit dem Arendt sehr eng befreundet war, sie im Frühjahr 1933 bat, antisemitische Hetzartikel aus deutschen Zeitschriften, Fachjournalen und anderen Publikationen zu sammeln, willigte Arendt sofort ein. Für sie bot sich hier die Möglichkeit, aus der passiven und ohnmächtigen Opferrolle herauszutreten und konkret etwas zu machen (GG, 49).

Der eigentliche Schock war für Arendt indes nicht Hitlers Machtergreifung, sondern das Verhalten ihrer Bekannten und Freunde: »Das Problem, das persönliche Problem war doch nicht etwa, was unsere Feinde taten, sondern was unsere Freunde taten. [...] Ich lebte in einem intellektuellen Milieu, ich kannte aber auch andere Menschen. Und ich konnte feststellen, daß unter den Intellektuellen die Gleichschaltung sozusagen die Regel war. Aber unter den anderen nicht. Und das habe ich nie vergessen.

Ich ging aus Deutschland, beherrscht von der Vorstellung – natürlich immer etwas übertreibend –: Nie wieder! Ich rühre nie wieder irgendeine intellektuelle Geschichte an. Ich will mit dieser Gesellschaft nichts zu tun haben.« (GG, 56)

Nun hat Arendt trotz der Erfahrung, dass enge Freunde wie Benno von Wiese oder der von ihr als »heimlicher König« im Reich des Denkens verehrte und geliebte Lehrer Martin Heidegger (MH, 175) die nationalsozialistische Machtergreifung begrüßten, sehr wohl wieder »intellektuelle Geschichten« angefasst. Und sie hat intensive Freundschaften gepflegt: erst im Pariser Exil und dann vor allem in New York, wo sie nach ihrer Flucht aus Frankreich 1941 bis zu ihrem Tod 1975 lebte. Freundschaft war für die Aristotelikerin nicht nur die höchste politische Tugend, sondern zugleich jene ausgezeichnete Form des Zusammenlebens, über die Menschen sich in der Welt zu Hause fühlen. Der Freundschaft als Liebe zur Welt, *amor mundi* – so wollte Arendt ursprünglich ihr handlungstheoretisches Hauptwerk *The Human Condition* nennen –, entspringt die Urteilkraft derjenigen, die sich den Menschen und der zwischen ihnen sich bildenden Welt zuwenden, so wie es Lessing getan hat, den Arendt zum Kronzeugen jener Haltung erklärt, der sie sich fortan selbst verpflichtet fühlt: »Nicht nur die Einsicht, daß es die eine Wahrheit innerhalb der Menschenwelt nicht geben kann, sondern die Freude, daß es sie nicht gibt und das unendliche Gespräch zwischen den Menschen nie aufhören werde, solange es Menschen überhaupt gibt, kennzeichnet die Größe Lessings.« (GL, 44)

Wie Lessing schätzt Arendt den Streit um die Wahrheit höher als »die Widerspruchslosigkeit mit sich selbst, die wir doch bei allen, die schreiben und sprechen, als selbstverständlich voraussetzen« (GL, 22). Es ist die Präferenz für das perspektivische Denken und die Vielfalt politischer Meinungen, die Arendt gegen die philosophische Wahrheitssuche setzt. Sie selbst spricht auch von

»Übungen im politischen Denken«, so der Untertitel ihrer Essaysammlung *Zwischen Vergangenheit und Zukunft*. Diese Übungen verfolgen einzig das Ziel, »Erfahrung darin zu erwerben, wie man denkt. Sie enthalten keine Vorschriften darüber, was gedacht werden soll oder welche Wahrheiten hochzuhalten wären.«[1]

In diesen »Übungen im politischen Denken« erörtert Arendt sehr grundsätzliche Fragen wie das Verhältnis von Geschichte und Politik oder Autorität und Freiheit, sie stellt hier aber auch ihre wichtigsten intellektuellen Weggefährten vor. Dabei hegt sie eine besondere Vorliebe für politische Denker, die in Umbruchsituationen gewirkt haben und in deren Werk Widersprüche zum Ausdruck kommen. Ungewöhnlich ist indes nicht allein die Auswahl der Referenzautoren, sondern auch die Art und Weise, wie Arendt sie miteinander ins Gespräch bringt. So werden etwa der Begründer der abendländischen Politikwissenschaft Aristoteles, der umstrittene Florentiner Fürstenberater Niccolò Machiavelli und der französische Sozialwissenschaftler Alexis de Tocqueville zu ideengeschichtlichen Referenzen für ein um Freiheit zentriertes politisches Handlungskonzept, während Sören Kierkegaard, Karl Marx und Friedrich Nietzsche als »Wegweiser zu einer Vergangenheit« vorgestellt werden, »die ihre Autorität verloren hat« (TN, 37). Arendt macht den drei letztgenannten Autoren das ambivalente Kompliment, die mit Platon anhebende Tradition politisch-philosophischen Denkens beendet zu haben. Dadurch habe sich freilich die große Chance eröffnet, »auf die Vergangenheit mit einem von keiner Überlieferung getrübten Blick zu schauen, mit einer Direktheit, wie sie die Augen und Ohren des Abendlandes nicht mehr gekannt haben, seit die Römer sich der Autorität griechischen Geistes unterwarfen« (TN, 38).

Arendt bricht in ihrer Neuerzählung des Politischen mit den Konventionen politischer Theorie und Ideengeschichte. Sie praktiziert ein politiktheoretisches Problemdenken, das von gesellschaftlichen Grundspannungen und Widersprüchen ausgeht und auch in der theoretischen Bearbeitung der diagnostizierten Krisenstruktur der Moderne dem Ansatz eines problemfokussierten Denkens verhaftet bleibt. Zu diesem politischen Problemdenken gehört ein interventionistisches Verständnis von Theorie, das sich im Anschluss an literatur- und kulturwissenschaftliche Ansätze als performative Theorie des Politischen bezeichnen lässt. Arendt entwirft und betreibt politische Theorie als Intervention in gesellschaftliche Deutungskämpfe. Ihre Herangehensweise ist dabei insofern konservativ, als sie diesen ideell-konstitutiven Beitrag von politischer Theorie zu politischer Praxis nicht in postmoderner Kampfterminologie fasst, sondern sich in die alteuropäische Tradition einer homerischen Auffassung des Politischen einordnet, den damit verbundenen Anspruch auf politische Sinnstiftung aber in eine die politische Urteilsfähigkeit befördernde Spannung zu kritischer Reflexion stellt.

In der Darstellung von Arendt als politische Denkerin, die Theorie im Modus der Kritik dominanter Wahrnehmungskategorien des Politischen betrieben hat, lege ich den Schwerpunkt auf ihre politikwissenschaftlichen Schriften, das unvollendet gebliebene philosophische Spätwerk *Vom Leben des Geistes* wird nur am Rande thematisiert. Das erste Kapitel führt in das politische Verstehenskonzept von Arendt ein. Über die komplementäre Lektüre der politisch-historischen Studie *Elemente und Ursprünge totaler Herrschaft* und des äußerst kontrovers diskutierten Prozessberichts *Eichmann in Jerusalem* werden sowohl der unorthodoxe methodologische Zuschnitt ihrer politische Theorie vorgestellt als auch Arendts Krisendiagnose der Moderne entwickelt. Die politikwissenschaftliche Analyse der Selbstgefährdungen moderner Gesellschaften steht im Zentrum des zweiten Kapitels. Hier wird der begriffstheoretische Rahmen konturiert, innerhalb dessen Arendt zu ihrer Neuerzählung des Politischen ansetzt. Gegenstand des dritten Kapitel ist die republikanische Konzeption einer guten politischen Ordnung, die Arendt als Antwort auf die demokratietheoretische Kernfrage entwickelt, wie politische Freiheit unter Bedingungen demokratischer Gleichheit auf Dauer gestellt werden kann. Im vierten Kapitel wird Arendts politikwissenschaftliche Methode des Unterscheidens als eine riskante Praxis politischer Urteilsbildung vorgestellt, die vielfach Kritik hervorgerufen hat.

Die zu Lebzeiten höchst umstrittene, aber innerhalb der politischen Theorie und Philosophie anfangs nur recht zögerlich rezipierte Autorin ist mittlerweile als Autorität im Reich politischen Denkens anerkannt. Seit über zwanzig Jahren erfährt ihr Werk eine sehr breite Rezeption. Es sind seither nicht nur beinahe alle Aspekte ihres wissenschaftlichen Werks gründlich untersucht worden, auch ihre persönlichen Beziehungen, ihre Freundschaften und die vielen Briefwechsel haben nachhaltiges Interesse erregt. Dank des 2002 von Ursula Ludz und Ingeborg Nordmann herausgegebenen *Denktagebuchs* ist inzwischen sogar Arendts »Zwiegespräch« mit sich selbst dokumentiert. Zu dieser Erfolgsgeschichte gehört auch, dass Arendt für ganz unterschiedliche und miteinander um die richtige Deutung der sozialen Welt konkurrierende Theoriemodelle in Anspruch genommen wird. Eine Auswahl disparater Interpretationen wird im fünften Kapitel vorgestellt. Damit schließt diese Einführung mit dem aktuellen Deutungskampf um Arendt, der den von Arendt eröffneten und mit ihr ausgetragenen Kampf um die angemessene Deutung des Politischen abgelöst hat.

1. Das Phänomen der totalen Herrschaft und die Krise der Moderne

Das Phänomen der totalen Herrschaft bildet den Ausgangspunkt für die politische Theorie Hannah Arendts. »Dies hätte nicht geschehen dürfen« – dieser Satz aus dem Schlusskapitel der großen Studie *Elemente und Ursprünge totaler Herrschaft* drückt das Entsetzen über die Ermordung von Millionen Menschen aus. Noch Jahre später ist dieses Entsetzen präsent. Im Fernsehgespräch mit Günter Gaus, das am 28. Oktober 1964 im Zweiten Deutschen Fernsehen gesendet wurde, sagte Arendt: »Das Entscheidende ist der Tag gewesen, an dem wir von Auschwitz erfuhren. [...] Das war wirklich, als ob der Abgrund sich öffnet. Weil man die Vorstellung gehabt hat, alles andere hätte irgendwie noch einmal gutgemacht werden können, wie in der Politik ja alles irgendwie einmal wiedergutgemacht werden kann. Dies nicht. Dies hätte nie geschehen dürfen. Und damit meine ich nicht die Zahl der Opfer. Ich meine die Fabrikation der Leichen [...]. Dieses hätte nicht geschehen dürfen. Da ist irgend etwas passiert, womit wir alle nicht fertig werden.« (GG, 59 f.)

Für Arendt ist angesichts dieser auf das Jahr 1943 datierten Erfahrung des Schocks entschieden, dass die abendländische Tradition politischen Denkens unwiderruflich an ihr Ende gekommen ist und man nach diesem im Totalitarismus offensichtlich gewordenen »Traditionsbruch« das Politische ganz neu denken muss. Sie selbst bezeichnet dieses neue politische Denken als

»Verstehen«, das im »Unterschied zur fehlerfreien Information und dem wissenschaftlichen Wissen« ein komplizierter Prozess ist, »der niemals zu eindeutigen Ergebnissen führt« (VP, 110). Im Vorwort zum ersten Teil ihres Totalitarismusbuchs erklärt Arendt ihren Ansatz genauer: »Begreifen bedeutet freilich nicht, das Ungeheuerliche zu leugnen, das Beispiellose mit Beispielen zu vergleichen oder Erscheinungen mit Hilfe von Analogien und Verallgemeinerungen zu erklären, die das Erschütternde der Wirklichkeit nicht mehr spüren lassen. Es bedeutet vielmehr, die Last, die uns durch die Ereignisse auferlegt wurde, zu untersuchen und bewußt zu tragen und dabei weder ihre Existenz zu leugnen, noch demütig sich ihrem Gewicht zu beugen, als habe alles, was einmal geschehen ist, nur so und nicht anders geschehen können. Kurz: Begreifen bedeutet, sich aufmerksam und unvoreingenommen der Wirklichkeit, was immer sie ist oder war, zu stellen und entgegenzustellen.« (EU, 22)

In ihrer Analyse der totalen Herrschaft unterbreitet Arendt mehrere begriffstheoretische Deutungsangebote, wie dieses »Grenzphänomen« des Politischen begriffen werden kann: Zunächst prägt sie den Begriff »Totalitarismus«, um damit das nationalsozialistische Deutschland und das bolschewistische Russland unter Stalin als zwei Regime zu charakterisieren, in denen diese aus ihrer Sicht völlig neue Herrschaftsform praktiziert wurde. Dann bezeichnet sie die Konzentrationslager als zentrale Institution (VS, 82) und »richtungsgebendes Gesellschaftsideal« der totalitären Herrschaft (EU, 677). Und schließlich versucht sie mit der Immanuel Kant entlehnten Formulierung von der »Radikalität des Bösen«, das Entsetzen gegenüber der beispiellosen Vernichtungspolitik der Nationalsozialisten auf einen moralischen Begriff zu bringen. Eben diese letzte Kategorie änderte Arendt jedoch zwölf Jahre nach dem Erscheinen des Totalitarismusbuchs.

In ihrem Bericht *Eichmann in Jerusalem. Von der Banalität des Bösen*, der 1963 zunächst als fünfteilige Artikelserie in der renommierten Wochenzeitschrift *The New Yorker* veröffentlicht und noch im selben Jahr als Buch publiziert wurde, spricht Arendt explizit nicht mehr von dem »radikal Bösen«, sondern ›erfindet‹ die Wendung von der »Banalität des Bösen«. Dieser Wechsel der Konzepte unterstreicht das Prozesshafte dieser Art von politischer Theorie. Stellt sich im Verlaufe des Nachdenkens heraus, dass ein Begriff die zu beschreibende Sache nicht mehr trifft, muss er aufgegeben werden. In der Beobachtung des Prozesses gegen Adolf Eichmann gelangte Arendt ganz offenbar zu der Überzeugung, dass sie diese Kategorie ändern muss. Ursprünglich nach Jerusalem gefahren, weil sie »partout wissen wollte, wie einer aussieht, der ›radikal Böses‹ getan hat«,[2] entdeckt sie nunmehr die Banalität des Massenmörders Eichmann.

Dieser Kategorienwechsel löst eine bislang beispiellose, in der akademischen wie in der politischen Öffentlichkeit geführte Kontroverse um die Urteilskraft einer politischen Theoretikerin aus. In dem berühmten Briefwechsel mit Gershom Scholem reagiert Arendt auf dessen Kritik, ihre überzeugende Analyse des radikal Bösen in ihrem Totalitarismusbuch habe sich »nun in einem Schlagwort verloren« (BwSch, 434), zunächst mit der zustimmenden Bemerkung, »Sie haben vollkommen recht, I changed my mind und spreche nicht mehr vom radikal Bösen«, um dann zu betonen: »Unklar ist mir, warum Sie die Wendung von der ›Banalität des Bösen‹ ein ›Schlagwort‹ nennen. Soviel ich weiss, hat noch niemand dies Wort gebraucht; aber das ist ja egal. Ich bin in der Tat heute der Meinung, dass das Böse immer nur extrem ist, aber niemals radikal, es hat keine Tiefe, auch keine Dämonie. Es kann die ganze Welt verwüsten, gerade weil es wie ein Pilz an der Oberfläche weiterwuchert. Tief aber, und radikal ist immer nur das Gute.« (BwSch, 441)

Gleichwohl handelt es sich hier nicht um eine völlig neue Einsicht. Bereits im Totalitarismusbuch hatte Arendt, wie der Historiker Hans Mommsen in seinem einleitenden Essay zur Neuauflage des Eichmannbuchs bemerkt, »den Nachweis geführt, daß das unerhörte Neue der ›Endlösungs‹-Politik, die in der Sache durchaus Vorformen im ›Verwaltungsmassenmord‹ der imperialistischen Kolonialpolitik besitze, darin liege, daß sie sich außerhalb jeder moralischen Dimension, zugleich ohne äußeren Anlaß und ohne erkennbare Zwecksetzung vollzog. Sie zeigte dort, daß die nationalsozialistische Vernichtungsmaschinerie in der Tendenz völlig affektfrei arbeitete und das Verbrechen in Routinehandeln verwandelte, denen gegenüber die Berufung auf das Gewissen gegenstandslos war.«[3]

Die neue Formulierung von der »Banalität des Bösen« trifft zudem Arendts ebenfalls bereits im Totalitarismusbuch aufgestellte modernekritische These genauer. Dieser These zufolge haben wir es zwar bei der totalitären Herrschaft mit einer völlig neuen Staatsform zu tun, die mit den überkommenen Kategorien der politisch-philosophischen Sprache nicht angemessen erfasst werden kann und in der historisch beispiellose »Verbrechen gegen die Menschheit« (EJ, 401) verübt wurden. Dies aber wurde möglich unter Bedingungen einer modernen, bürokratisierten Massengesellschaft, in der mit der Erosion institutionell zurechenbarer politischer Verantwortung auch das Gefühl, für das eigene Tun verantwortlich zu sein, abhandengekommen ist. Arendt verbindet mit dieser Charakterisierung der »bürokratischen Niemandsherrschaft« jedoch weder eine Entschuldigung der Täter noch eine Banalisierung der Taten, wie ihr (nicht nur) Gershom Scholem vorgeworfen hat (BwSch, 453).[4] Sie versucht vielmehr zu begreifen, wie es zu diesem »Zivilisationsbruch« (Dan Diner) kommen konnte, mit dem wir alle nicht mehr fertig werden. Und sie verbindet mit dem Verstehen des Wesens totalitärer Herrschaft zugleich die Erwartung, »auch die Grundzüge jener Krise zu entdecken [...], in der wir heute alle und überall leben« (EU, 724).

Verstehen und Zerstören in *Elemente und Ursprünge totaler Herrschaft*

Der Totalitarismus ist für Arendt die politische Schlüsselerfahrung des 20. Jahrhunderts. In *Elemente und Ursprünge totaler Herrschaft* unternimmt sie den historisch ausgreifenden Versuch, die europäische Geschichte in großen Linien nachzuzeichnen und zugleich in eine Fülle von Einzelepisoden aufzubrechen, um die Entstehung von Nationalsozialismus und Stalinismus zu erklären. Nach der Lektüre dieses großen Geschichtspanoramas lässt sich zunächst nur eines mit Sicherheit sagen: Weder Antisemitismus und Imperialismus, die in den ersten beiden Teilen des Buchs als Elemente des späteren Totalitarismus historisch zurückverfolgt werden, noch die »in dem Niedergang und Zerfall des Nationalstaates und dem anarchischen Aufstieg der modernen Massengesellschaft« verorteten Ursprünge der totalen Herrschaft (EU, 14) ›erklären‹ die Genese einer Herrschaftsform, deren sinnloser Sinn darin bestand, die Ideologie vom notwendigen Ende »minderwertiger Rassen« oder »absterbender Klassen« über die Ermordung von Millionen Menschen in die Tat umzusetzen.

Das Totalitarismusbuch war ein großer Erfolg, der Arendt international bekannt machte. Es wurden jedoch auch vehemente Einsprüche formuliert. Neben der im ideologischen Klima des Kalten Krieges massiv vorgetragenen Kritik an Arendts Vergleich von Nationalsozialismus und Stalinismus als Erscheinungsformen totalitärer Herrschaft wurden immer wieder die fragwürdige empirische Evidenz der Darstellungen sowie die fehlende methodologische Explikation ihrer historischen Analysen und politischen Deutungen moniert und damit infrage gestellt, ob es sich hier überhaupt um ein wissenschaftliches Konzept handele.[5]

Nachhaltige Irritationen löste vor allem das Fragmentarische von Arendts Historiographie aus. Und in der Tat finden sich in Arendts Analyse der totalen Herrschaft, die sie im dritten Teil des Buchs vornimmt, zwar alle Elemente wieder, die in anderen historischen Kontexten und unabhängig voneinander in den beiden ersten Teilen dargestellt werden: die antisemitische Propaganda, eine auf Weltherrschaft orientierte rassistische Ideologie, eine als Internationale betriebene und an den *Protokollen der Weisen von Zion* geschulte totalitäre Bewegung, deren Anhänger sich durch eine Mentalität der Selbstlosigkeit und Desinteressiertheit am eigenen Wohlergehen »auszeichnen«, ein entwickeltes bürokratisches System, das an die Stelle öffentlich-rechtlicher Entscheidungen die Anonymität der Verwaltung setzt, und schließlich der Terror – das neben der totalitären Ideologie wesentlichste Element des Totalitarismus –, der sich jenseits aller Schuld seine Opfer auswählt. Einen kausalen Zusammenhang zwischen der »Dreyfus-Affäre« und dem Imperialismus von Cecil Rhodes, zwischen der imperialistischen Politik Großbritanniens und dem gesellschaftlichen Antisemitismus in Frankreich einerseits und dem deutschen Nazismus andererseits oder zwischen dem rassistischen Panslawismus und Stalins Ideologie absterbender Klassen aber bietet diese »Montage« historischer Fragmente nicht.

Nun haben diese fragmentarische Historiographie und die durch sie ausgelösten Irritationen durchaus Methode. Das Grunddilemma der Historikerin, über etwas – wie den Totalitarismus – zu schreiben, was sie nicht erhalten wollte, sondern zu dessen Zerstörung sie sich animiert fühlte,[6] löst Arendt, indem sie den

Fakten der Geschichte eine historische Narration entgegensetzt, die nicht nur verstehen will, »warum und wodurch diese Art von Regime überhaupt möglich geworden war«,[7] sondern die zugleich aufzeigen will, dass es auch hätte anders kommen können. Methodisch an Walter Benjamins »Mosaiktechnik« der fragmentarischen Historiographie anschließend,[8] betont Arendt die Brüche, Risse und Sackgassen der Geschichte, ohne jedoch die politischen Ereignisse, Entwicklungen und die mit ihnen verknüpften Ideologien auszublenden, welche die Entstehung des Totalitarismus begünstigt haben. Auf diese doppelte Absicht, nämlich eine Verbindung zwischen rassistischem Antisemitismus, imperialistischer Weltpolitik und bürokratischer Herrschaftspraxis einerseits und der aus diesen Elementen bestehenden »totalitären Kristallisationsform« (EU, 14) andererseits herzustellen und zugleich die entstehungsgeschichtliche Notwendigkeit des Aufstiegs eines europäischen Totalitarismus zu bestreiten, verweisen die Begriffe »Ursprünge«, »Elemente« und »Kristallisation«. Während die Rede von den Ursprüngen einen konsekutiven Erklärungsansatz nahelegt, wenngleich bereits über den Plural eine monokausale Analyse abgelehnt wird, stehen Kristallisation und Elemente für die entgegengesetzte Strategie einer Zerstörung historischer Kontinuitäten.[9]

Ausgehend von der Prämisse, dass ein Geschehnis zwar seine eigene Vergangenheit erhellt, aber niemals von ihr abgeleitet werden kann (EU, 422), praktiziert Arendt in *Elemente und Ursprünge totaler Herrschaft* eine (Darstellungs-)Form der historisch-politischen Analyse, die der in der Geschichtsschreibung vorherrschenden Kausalitätsannahme in grundsätzlicher Hinsicht widerspricht (VP, 122). Fragmentarische Historiographie will den Fallstricken einer kausale Zusammenhänge herstellenden Geschichtsschreibung entkommen: der Gefahr nämlich, im Wissen um den Gang der Ereignisse und ihr vorläufiges Ende eine zwangsgesetzliche Kontinuität zu konstruieren, die es in der Geschichte zu keinem Zeitpunkt gegeben hat. So benennt Arendt zwar »sozialpsychologische« und »sozialstrukturelle Bedingungen«,[10] die das Entstehen dieser neuen Herrschaftsform begünstigt haben, verweist aber immer wieder auf die Kontingenz dieser Verknüpfung im europäischen Totalitarismus.

Die sozialpsychologische Konstellation erörtert Arendt in Bezug auf den Antisemitismus. Im Unterschied zum jahrhundertealten Judenhass taucht dieser erst im 19. Jahrhundert in Europa auf und wurde politisch bedeutsam, als mit dem Niedergang des europäischen Nationalstaats die klar umrissene Funktion der »Hofjuden der feudalen Herren und absoluten Monarchen« wegfiel, den jeweiligen Staatshaushalt zu finanzieren (EU, 63). Wie Arendt am Beispiel Preußens (EU, 66 ff.) und am besonderen Fall der Familie Rothschild (EU, 63 ff.) erörtert, entsteht der moderne Antisemitismus zu einem Zeitpunkt, als die privilegierten Juden ihre Sonderrolle verloren hatten und politisch bedeutungslos wurden. Erst jetzt wurde aus den sozialen Ressentiments gegen Juden ein ideologisch aufgeladener Antisemitismus, was sich im Auftauchen antisemitischer Parteien zeigte, die programmatisch gerade gegen den Nationalstaat ausgerichtet waren (EU, 82). Zugleich fällt der Aufstieg des modernen Antisemitismus in eine Phase, wo neben der sukzessiven rechtlichen Gleichstellung der Juden auch die soziale Assimilation relativ weit fortgeschritten war. Gerade in Deutschland und Frankreich hatten die meisten Juden ihre gesellschaftliche »Pariaexistenz« zugunsten des Wunschs aufgegeben, in der Mehrheitsgesellschaft der Nicht-Juden aufzugehen (EU, 128 f.).[11] Dass dieses Bestreben zum Scheitern verurteilt war und die Hoffnung auf gesellschaftliche Assimilation den Einstellungen der Mehrheitsgesellschaft widersprach, veranschaulicht Arendt an der Dreyfus-Affäre, »die Frankreich um die Jahrhundertwende erschütterte und in der sich die Nation anlässlich eines Hochverratsprozesses gegen den jüdischen Hauptmann Alfred Dreyfus (1859–1935) in zwei Lager spaltete: in das der Gegner und das der Freunde der Juden«[12].

Die Beschreibung der »Dreyfus-Affäre« bildet den dramaturgischen Höhepunkt des Teils über den Antisemitismus. Arendt pointiert hier ihre Kerneinsicht, die Vorgeschichte des nationalsozialistischen Deutschlands spiele in ganz Europa: Wichtig an der Dreyfus-Affäre ist, »daß bereits einmal, zu einer Zeit, der die *Protokolle der Weisen von Zion* noch nicht vorlagen, ein ganzes Volk sich über die Frage, ob das ›geheime Rom‹ oder das ›geheime Juda‹ die Fäden der Welt in der Hand halte, die Köpfe zerbrach und einschlug« (EU, 170). Zudem zeigte sich in dieser Affäre zum ersten Mal das verhängnisvolle »Bündnis zwischen Mob und Elite« (EU, 528). Dass es gelang, den »Mob«, der Arendt zufolge gerade nicht mit dem Volk identisch ist, sondern sich aus allen Deklassierten zusammensetzt, die aus der alten (Klassen-) Gesellschaft ausgeschlossen und im Parlament nicht vertreten waren (EU, 188), mit der Ligue Antisémite als außerparlamentarisch agierende politische Bewegung zu organisieren, war »bewundernswürdig« (EU, 193). Die sogenannte »gute Gesellschaft« und »die Elite« waren fasziniert von dieser Macht des Mobs, den sie mit dem Volk verwechselten, vor allem aber bewunderten sie das Organisationstalent seiner Führer (EU, 194 f.). Hier finden wir »zum ersten Mal, was nach dem Weltkrieg zur Regel wurde, die Heldenverehrung der Gangster von seiten der Elite« (EU, 195). Schließlich »bewies« für Arendt die »Affäre des unglücklichen Hauptmanns Dreyfus« aller Welt, »daß in jedem jüdischen Baron, in jedem jüdischen Multimillionär, in jedem jüdischen Nationalisten noch ein Stück von jenem Paria steckte, für welchen die Menschenrechte nicht existierten, den die Gesellschaft außerhalb des Gesetzes zu sehen wünschte« (EU, 202).

Das Dreyfus-Kapitel endet dann jedoch recht abrupt mit der Einschätzung, die republikanischen Traditionen in Frankreich hätten sich am Ende als robust genug erwiesen und verhindert, dass dieses hochgefährliche Amalgam in die Katastrophe führte: »[D]as jakobinische Prinzip der Nation, die auf den Menschenrechten basiert, und das republikanische Prinzip des öffentlichen Lebens, in welchem der Fall eines Bürgers der Fall aller Bürger ist«, hat Frankreich vor der totalitären Entartung des Politischen bewahrt (EU, 187). Ganz ähnlich verfährt Arendt im zweiten Teil ihrer Studie, in dem unter dem Titel »Imperialismus« die sozialstrukturellen Bedingungen für die Entstehung der totalitären Herrschaft erörtert werden.

Im Zentrum ihrer Ausführungen zu den imperialistischen Ursprüngen totalitärer Herrschaft steht die britische Kolonialherrschaft in ihrem weltpolitischen, die nationalstaatliche Verfasstheit Europas sprengenden Anspruch, ihrer im *scramble for Africa* kulminierenden rassistischen Politik und ihrer bürokratisch-formalisierten Organisationsform. Letztere eignet sich vortrefflich dazu, mit der politischen auch die individuelle Verantwortung an einen anonymen Apparat abzugeben. Doch wie bereits der auf Frankreich beziehungsweise auf Paris als europäische »Hauptstadt des neunzehnten Jahrhunderts« (EU, 146) und Schauplatz der Dreyfus-Affäre fokussierte Antisemitismus-Teil endet auch die auf den britischen Imperialkolonialismus orientierte Analyse mit dem Resümee, dass hier zwar alle Elemente vorzuliegen schienen, »die nur zusammengeschmolzen zu werden brauchten, um ein totalitäres Regime auf der Basis einer Rassedoktrin zu errichten«, es aber dennoch anders gekommen ist: »England wusste Verdienst und Glück zu verketten.« (EU, 356 f.) Auch hier verweist Arendt auf politische Traditionen, die der totalitären Entartung imperialer Politik in England entgegenstanden und die verhindert haben, dass sich in dem Land, das noch vor den

Vereinigten Staaten von Amerika praktisch wusste, dass politisches Handeln ein »acting in concert« ist,[13] diese neue Herrschaftsform etablieren konnte.

Zur Analyse des Imperialismus gehört jedoch auch noch das zentrale neunte Kapitel »Der Niedergang des Nationalstaates und das Ende der Menschenrechte«, das den Höhepunkt und zugleich den Wendepunkt der Vorgeschichte der totalen Herrschaft bildet. Arendt liefert hier eine kompakte Schilderung der europäischen Entwicklung nach dem Ersten Weltkrieg: die ausbrechenden Bürgerkriege, der Zerfall alter und die Errichtung neuer, fragiler Nationalstaaten und die auf nationaler wie internationaler Ebene gescheiterten Versuche, diejenigen politisch zu integrieren oder doch wenigstens rechtlich zu schützen, die durch diese politische Neuorganisation Europas keine nationalstaatlich verbürgten Rechte mehr besaßen, nämlich die nationalen Minderheiten, die Flüchtlinge und die Staatenlosen. Diese Schilderung enthält bereits die dann im dritten Teil der Totalitarismusstudie explizierte These: Die totalitäre Herrschaft habe nicht nur von der Zersetzung der Nationalstaaten profitiert und alles darangesetzt, diese staatenlosen Gruppen zu vermehren, um diesen Zersetzungsprozess zu beschleunigen (EU, 425). Vielmehr stand der Unmöglichkeit, in einem nationalstaatlich organisierten Europa die grundlegenden Menschenrechte zu garantieren, die teilweise noch im »alten« Europa und in den britischen Kolonialgebieten erprobte und dann in der totalitären Herrschaft praktizierte Möglichkeit gegenüber, das »Recht jedes Menschen, zur Menschheit zu gehören« außer Kraft zu setzen.

Am Ende dieses zentralen Kapitels formuliert Arendt ihre berühmte, im späteren Menschenrechtsdiskurs oft zitierte Einschätzung, es gebe nur ein einziges Menschenrecht und das bestehe in dem »Recht, Rechte zu haben« (EU, 462), also Mitglied einer staatlich-politischen Gemeinschaft zu sein, die ihren Bürgern eben dieses Menschenrecht garantiert. Arendt rekurriert hier auf den liberal-konservativen Denker Edmund Burke,[14] der einst der Erklärung der Menschenrechte durch die Französische Revolution entgegengehalten hatte, die Menschenrechte seien nichts als eine sinnlose »Abstraktion«, als wirkliche, konkret einklagbare Rechte gelten sie nur für die Inhaber staatsbürgerlicher Rechte: »Der Begriff der Menschenrechte brach, wie Burke es vorausgesagt hatte, in der Tat in dem Augenblick zusammen, wo Menschen sich wirklich nur noch auf sie und auf keine national garantierten Rechte mehr berufen konnten. Sobald alle anderen gesellschaftlichen und politischen Qualitäten verloren waren, entsprang dem bloßen Menschsein keinerlei Recht mehr. Vor der abstrakten Nacktheit des Menschseins hat die Welt keinerlei Ehrfurcht empfunden; die Menschenwürde war offenbar durch das bloße Auch-ein-Mensch-sein nicht zu realisieren.« (EU, 466)

Die Krisenstruktur der Moderne

Das historisch-politische Urteil, die europäische Nachkriegsordnung habe mit den Staatenlosen und Flüchtlingen eine »Kategorie von Menschen« hervorgebracht, die aus der menschlichen Gemeinschaft ausgeschlossen wurden, für die keine Rechtsordnung mehr galt und die im eigentlichen Sinne des Wortes »überflüssig« waren, bildet den Übergang zur Analyse der totalen Herrschaft. Denn wie Arendt im Kapitel »Der Untergang der Klassengesellschaft« argumentiert, wurde die Entstehung totalitärer Regime nur möglich vor dem Hintergrund der modernen Massengesellschaft, in der das »Überflüssigsein« zum vorherrschenden Gefühl wurde. Dieses Gefühl des Überflüssigseins korrespondierte mit der Unfähigkeit der demokratischen Parteien, den zunehmend apathischen Massen attraktive Integrationsangebote zu unterbreiten, während es populistischen Bewegungen durchaus gelang, eben diese politisch indifferenten Massen zu mobilisieren.

Diesem Krisenszenario liegt die an Alexis de Tocquevilles »Individualisierungstheorem«[15] orientierte Diagnose einer wachsenden »Weltentfremdung« des Menschen in der modernen Massengesellschaft zugrunde. Tocqueville bezeichnet mit »Individualisierung« den sozialstrukturellen Prozess der Auflösung von Klassen, sozialen Milieus bis hin zu Familienbeziehungen, der beim modernen Individuum psychologisch das Gefühl der Einsamkeit und Isoliertheit hervorruft. Denselben Befund verbindet Arendt mit dem Begriff »Vermassung«, der sowohl den soziologischen Tatbestand der Zersetzung der alten Klassengesellschaft (EU, 510) als auch eine bestimmte sozialpsychologische Haltung des modernen Massemenschen meint, die sie als »Selbstlosigkeit und Desinteressiertheit am eigenen Wohlergehen« charakterisiert (EU, 497). Diese Selbstlosigkeit, die Arendt auch als Gefühl des Überflüssigseins beschreibt, wurzelt in der »Verlassenheit« des Menschen in der modernen Massengesellschaft.[16] Zum Problem wird diese Welt- und Selbstverlassenheit, weil der von Anderen und von sich selbst verlassene Massemensch zwar politisch indifferent ist, sich aber dennoch nach gemeinschaftlicher Integration sehnt. Eben dieses Bedürfnis nach sozialer wie ideeller und emotionaler Integration aber kann das klassische Parteiensystem Arendt zufolge nicht mehr bieten, weil es auf der Vorstellung einer Klassengesellschaft basiert, die es unter Bedingungen der modernen Massengesellschaft nicht mehr gibt.

Für Arendt ist die »Vermassung aller gesellschaftlichen Strukturen« (EU, 505) mithin nicht allein das Produkt sozialer Auflösungsprozesse traditioneller Herkunfts- und Klassenstrukturen in kapitalistischen Gesellschaften. Auch das politische System der parlamentarischen Parteiendemokratie trägt zu der Vermassung bei, weil es das Volk gerade nicht in den politischen Prozess *ein*bindet, sondern in der Gegenüberstellung von Regierenden und Regierten aus der politischen Verantwortung für das allen Gemeinsame *ent*bindet (ÜR, 356).

Die professionelle Arbeitsteilung in der parlamentarischen Parteiendemokratie zwischen den Wenigen, die Politik als Beruf betreiben, und den Vielen, die von diesem Beruf ausgeschlossen sind, funktioniert Arendt zufolge so lange relativ problemlos, wie entweder die Parteien eine reale Klassenbasis haben, also als soziale Interessenvertretungen fungieren, oder es den politischen Eliten gelingt, überzeugende Integrationsangebote zu unterbreiten, mit denen sich die demokratische Mehrheit identifizieren kann. Beide Voraussetzungen seien in der modernen Massengesellschaft des 20. Jahrhunderts jedoch nicht mehr gegeben: »Der Zusammenbruch des Klassensystems bedeutete automatisch den Zusammenbruch des Parteiensystems, weil diese Parteien wirklich Interessenparteien waren, so daß ihnen nun gleichsam keine Interessen mehr zur Verfügung standen, die sie repräsentieren konnten. [...] Je unklarer und irrealer die Klassenbasis der Parteien wurde, desto mehr entwickelten sie sich in der Richtung der Weltanschauungsparteien« (EU, 508 f.). Als Weltanschauungsparteien aber propagierten sie apologetisch bestimmte »Prinzipien«, die von den demokratischen Massen nicht mehr geteilt wurden, was die tonangebenden Parteieliten freilich nicht bemerkten, da sie den Kontakt zur »Basis« längst verloren hatten. Arendt konstatiert hier einen doppelten Entfremdungsprozess, der aus ihrer Sicht auf das Grundproblem der repräsentativen Parteiendemokratie verweist: die Entfremdung der politischen Eliten von der demokratischen Basis und die Entfremdung des Demos von der politischen Verantwortung.

In dieser über die Analyse totaler Herrschaft hinausreichenden Kritik an der repräsentativen Demokratie lassen sich zwei

Ebenen unterscheiden: Zum einen behauptet Arendt eine besondere Unangemessenheit des Repräsentationsprinzips in der modernen Massengesellschaft am Vorabend der totalitären Herrschaft. Die parlamentarische Parteiendemokratie beruht auf den Voraussetzungen der alten Klassengesellschaft, die nicht mehr gegeben sind, weshalb sie die »Vermassung« eher noch befördert, als ihr entgegenzuwirken. Neben diesem zeitdiagnostischen Argument einer durch Parteien nicht mehr zu leistenden Interessenrepräsentation formuliert Arendt auf der zweiten Ebene einen grundsätzlichen Einspruch gegen die repräsentative Demokratie, die in der Trennung der Bürger vom politischen Prozess der Willensbildung und Entscheidungsfindung eine apolitische Mentalität befördert. Den »normalen Politikbetrieb« stört dies zunächst nicht, weil die in die politische Passivität gedrängten, weder in Parteien noch Interessenverbänden, lokalen Selbstverwaltungen, Gewerkschaften oder Berufsvereinen organisierten Massen sich damit begnügen, »ihre Stimmen nicht abzugeben und den Parteien nicht beizutreten« (EU, 502). In Krisenzeiten aber werden die politisch neutralen Massen politisch relevant. Es wäre ein bedenklicher Irrtum zu vergessen, »daß die totalitären Regime [...] sich einer echten und keineswegs von Propaganda künstlich erzeugten Popularität erfreuen. Totale Herrschaft ist ohne Massenbewegung und ohne Unterstützung durch die von ihr terrorisierten Massen nicht möglich. Hitlers Machtergreifung war legal nach allen Regeln der demokratischen Verfassung; er war der Führer der weitaus größten Partei, der nur wenig zu einer absoluten Majorität fehlte. Ohne das Vertrauen der Massen hätte weder er noch Stalin Führer bleiben können« (EU, 496).

Für Arendt bedeutet der Massenerfolg der totalitären Bewegungen das Ende zweier demokratischer Illusionen: der Illusion, dass alle Einwohner eines Landes Bürger sind, die, auch wenn sie nicht in einer Partei organisiert sind oder überhaupt keine Partei wählen, doch mit irgendeiner der im Parlament vertretenen Parteien sympathisieren oder sich von ihnen vertreten fühlen; und der Illusion, dass selbst dann, wenn die herrschende Minderheit de facto auch nur eine Minderheit politisch repräsentiert, die nicht-repräsentierte Mehrheit politisch ohne Gewicht ist (EU, 504).

Die von Arendt im Begriff der »Weltentfremdung« (VA, 249) als Auflösung aller verbindenden und verbindlichen Beziehungsstrukturen zwischen den Menschen zusammengefasste Krisenstruktur der Moderne verweist zwar auf die sozialstrukturellen, politisch-institutionellen und verhaltenspsychologischen Bedingungen, die die Entstehung totalitärer Systeme befördert haben, zugleich aber besteht Arendt auf der Originalität dieser Herrschaftsform. Im letzten Kapitel »Ideologie und Terror: eine neue Staatsform« unterscheidet sie die totale Herrschaft grundsätzlich von allen bislang bekannten Staatsformen. Dieses knappe und sehr viel systematischer angelegte Kapitel, in dem Arendt die Charakteristika dieser neuen Herrschaftsform zusammenfasst, geht auf ihre intensive Beschäftigung mit Charles de Montesquieu zurück.

Wesen und Prinzip der totalen Herrschaft

Im Rekurs auf Montesquieus Unterscheidung zwischen Monarchie, Republik und Tyrannis, die dieser entlang der Kategorien »Wesen« und »Handlungsprinzip« trifft und die Arendt um eine dritte Kategorie, nämlich um die eine Staatsform tragende »grundlegende Erfahrung« ergänzt, entwickelt Arendt eine Herrschaftstypologie. In dieser unterscheidet sie die totale Herrschaft von der Tyrannis, also von jener Staatsform, die innerhalb der klassischen Differenzierung die größte Nähe zur totalitären Herrschaft besitzt. Während Arendt zufolge das »Wesen« der Tyrannis in gesetzloser, willkürlicher Herrschaft eines Einzelnen besteht, ihr »Handlungsprinzip« die Furcht ist, der als grundlegende menschliche Erfahrung die Ohnmacht korrespondiert, besteht das »eigentliche Wesen der totalitären Herrschaft« im Terror (EU, 710), der gleichwohl gerade nicht willkürlich, »sondern in Übereinstimmung mit außermenschlichen Prozessen und ihren natürlichen oder geschichtlichen Gesetzen vollzogen wird« (EU, 711) und in dem über systematische ideologische Indoktrinierung Herrschende wie Herrschaftsunterworfene derart »präpariert« werden, dass von einem Handeln und einem Handlungsprinzip gar nicht mehr gesprochen werden kann (EU, 716).[17]

Die totalitäre Herrschaft begnügt sich Arendt zufolge nicht damit, Ohnmacht zu erzeugen wie die Tyrannis, die ›nur‹ die politische Sphäre und damit den Ort des Handelns zerstört, sondern dringt in alle gesellschaftlichen wie privaten Lebensbereiche der ihr Unterworfenen ein und zerstört damit einerseits alle noch verbleibenden zwischenmenschlichen Beziehungen und zwingt andererseits diese Isolierten und voneinander Verlassenen in eine politische Aktion beziehungsweise Massenbewegung. Arendt spitzt die Originalitätsthese hier auf das Argument zu, dass die zunehmende Verlassenheit des modernen Menschen in der totalitären Herrschaft als Grunderfahrung menschlichen Zusammenseins politisch realisiert und über den Terror organisiert wurde (EU, 703, 727). »Das Wesentliche der totalitären Herrschaft« liegt demnach nicht darin, dass sie bestimmte Freiheiten beschneidet, »sondern einzig darin, daß sie Menschen, so wie sie sind, mit solcher Gewalt in das eiserne Band des Terrors schließt, daß der Raum des Handelns, und dies allein ist die Wirklichkeit der Freiheit, verschwindet. [...] Dem Terror gelingt es, Menschen so zu organisieren, als gäbe es sie gar nicht im Plural, sondern nur im Singular, als gäbe es nur einen gigantischen Menschen auf der Erde, dessen Bewegungen in den Marsch eines automatisch notwendigen Natur- oder Geschichtsprozesses mit absoluter Sicherheit und Berechenbarkeit einfallen.« (EU, 714)

Das Ziel der totalen Herrschaft, »alle Menschen in ihrer unendlichen Pluralität und Verschiedenheit so zu organisieren, als ob sie alle zusammen nur einen einzigen Menschen darstellten, ist nur möglich, wenn es gelingt, jeden Menschen auf eine sich immer gleichbleibende Identität von Reaktionen zu reduzieren, so daß jedes dieser Reaktionsbündel mit jedem anderen vertauschbar ist« (EU, 676). Dieser Zustand ist jedoch unter »normalen Umständen« nicht herzustellen und würde auch, wie Arendt hervorhebt, derart viele Menschenleben kosten, dass eine voll entwickelte totale Herrschaft an ihre »natürliche« Grenze geraten würde, insofern irgendwann einfach keine »überflüssigen« Wesen mehr da wären, die derart zugerichtet werden könnten. Dass aber totalitäre Systeme den fundamentalen Anspruch verfolgen, Menschen total beherrschbar zu machen, es sich hier also um das »richtungsgebende Gesellschaftsideal für die totale Herrschaft überhaupt« handelt, zeigt sich für Arendt in den Konzentrations- und Vernichtungslagern (EU, 677). Die Lager dienten als »Laboratorien«, in denen das »ungeheuerliche Experiment« ablief, einen weltlosen Ort zu schaffen, der »den Erfahrungen moderner Massen von ihrer eigenen Überflüssigkeit in einer übervölkerten Welt und der Sinnlosigkeit dieser Welt« entsprach, einen Ort, »wo jede Handlung und jede menschliche Regung prinzipiell sinnlos sind, wo mit anderen Worten Sinnlosigkeit direkt erzeugt wird« (EU, 699).

Wie Arendt in *Elemente und Ursprünge totaler Herrschaft* (EU, 687 ff.) und in komprimierter Form in ihrem bereits 1950 auf Englisch erschienenen und später ins Deutsche übersetzten Aufsatz *Die vollendete Sinnlosigkeit*[18] ausführt, wurde das Experiment, »die menschliche Person, die immer eine ganz eigene Mischung aus spontanem und bedingtem Verhalten darstellt, in ein völlig konditioniertes Wesen« zu transformieren (VS, 86), in drei Schritten angegangen: Die »Desintegration der Persönlichkeit« beginnt mit der Zerstörung der »juristischen Person«, insofern die Verhaftung in keinem Zusammenhang mit den Handlungen der betreffenden Person steht. Es folgt die Zerstörung der »moralischen Person«, die über die völlige Isolierung der Lagerinsassen, ihr vollkommenes Abgeschnittenwerden von der übrigen Welt erreicht wird, was »Märtyrertum sinnlos, leer und lächerlich macht. Der letzte Schritt ist die Zerstörung der Individualität, was vor allem durch permanente und systematisch organisierte Folter besorgt wird. Das Endergebnis ist die Reduktion menschlicher Wesen auf den kleinsten gemeinsamen Nenner von ›identischen Reaktionen‹.« (VS, 87)

Die Charakterisierung der Vernichtungslager als experimentelle Versuchsanordnung, in denen die Opfer in einen »permanenten Zustand des Sterbens« versetzt werden, und die Bezeichnung der hier praktizierten Vernichtungslogik mit dem Oxymoron der »Fabrikation von Leichen« (VS, 84) markieren die Radikalität des Verstehensproblems, die »vollkommene Sinnlosigkeit« einer Welt zu begreifen, in der nur noch gestorben wird. Eine solche Welt ist mit dem »gesunden Menschenverstand« nicht mehr zu begreifen, vor allem aber scheitert »unsere Ethik« im Umgang mit denjenigen, die diese Verbrechen begangen haben: »Es ist sinnlos, einen Menschen zu hängen, der an der Fabrikation von Leichen teilgenommen hat [...]. Hier handelt es sich um Verbrechen, dem keine Strafe je entspricht, denn jedes Strafmaß ist durch die Todesstrafe begrenzt.« (VS, 89 f.)

In *Elemente und Ursprünge totaler Herrschaft* bezeichnet Arendt dieses »Grauen«, das sich angesichts der Verbrechen in den Konzentrations- und Vernichtungslagern einstellt, mit dem Begriff des »radikal Bösen«: »[I]n ihrem Bestreben, unter Beweis zu stellen, daß alles möglich ist, hat die totale Herrschaft, ohne es eigentlich zu wollen, entdeckt, daß es ein radikal Böses wirklich gibt und daß es in dem besteht, was Menschen weder bestrafen noch vergeben können. Als das Unmögliche möglich wurde, stellte sich heraus, daß es identisch ist mit dem unbestrafbaren, unverzeihlichen radikal Bösen, das man weder verstehen noch erklären kann durch die bösen Motive von Eigennutz, Habgier, Neid, Machtgier, Ressentiment, Feigheit oder was es sonst noch geben mag und demgegenüber daher alle menschlichen Reaktionen gleich machtlos sind; dies konnte kein Zorn rächen, keine Liebe ertragen, keine Freundschaft verzeihen, kein Gesetz bestrafen. So wie die Opfer in den Fabriken zur Herstellung von Leichen und den Höhlen des Vergessens nicht mehr ›Menschen‹ sind in den Augen ihrer Peiniger, so sind diese neuesten Verbrecher selbst jenseits dessen, womit jeder von uns bereit sein muß, sich im Bewußtsein der Sündhaftigkeit des Menschen zu solidarisieren.« (EU, 701)

Berichten und Urteilen in *Eichmann in Jerusalem*

Im Laufe des Prozesses gegen Adolf Eichmann, an dem sie als offizielle Berichterstatterin für die Wochenzeitschrift *The New Yorker* teilgenommen hat, gelangt Arendt zu der Einschätzung, dass hinter dem fabrikmäßig betriebenen Massenmord an über sechs Millionen Juden etwas zutiefst Banales steckt: nämlich die »empörende Dummheit« derjenigen, die ihn organisiert und bewerkstelligt haben.[19] Dieser kategoriale Wechsel vom moralphilosophischen Begriff des »radikal Bösen« zu dem des »banal Bösen« hat zusammen mit der von Arendt erörterten Frage, »in welchem ungeheuerlichen Ausmaß die Juden mitgeholfen haben, ihren eigenen Untergang zu organisieren«,[20] den »zweifellos größten Skandal« ausgelöst, den »ein Buch in Jahrzehnten hervorgerufen hat«[21].

Arendt hatte nicht mit dieser Wucht des öffentlichen Widerspruchs gerechnet. Immer wieder betonte sie, dass es sich nur um einen »Bericht« handele, dessen Hauptquelle in dem Prozessmaterial bestehe (EJ, 49, 54, 213, 231). Zugleich verweist sie jedoch darauf, dass zum Berichten auch das Urteilen gehört. Auf Gershom Scholems Einspruch, dass es noch kein unparteiliches Urteil über die Rolle der Judenräte geben könnte (BwSch, 429 ff.), antwortet sie: »Und wenn Sie vielleicht recht haben, dass es ein ›abgewogenes Urteil‹ noch nicht geben kann, obwohl ich es bezweifle, so glaube ich, dass wir mit dieser Vergangenheit nur fertig werden können, wenn wir anfangen zu urteilen, und zwar kräftig.« (BwSch, 441)

Trotz dieser selbstbewusst vorgetragenen Entgegnung auf die massive Kritik von Scholem, den Arendt 1938 im Pariser Exil kennengelernt hatte und mit dem sie seitdem in engem fachlichen Austausch stand, fühlte sich Arendt von Scholem wie von vielen Anderen, die ihren Prozessbericht für eine der Sache gänzlich unangemessene Abhandlung hielten, grundsätzlich missverstanden. Während sie anfangs nicht verstehen konnte, wie es zu diesen leidenschaftlichen Angriffen auf den Bericht und vor allem auf die Berichterstatterin gekommen war, sieht sie sich schon sehr bald als Opfer einer »politische[n] Kampagne, geführt und in allen Einzelheiten geleitet von Interessengruppen und Regierungsstellen« (BwM, 239).[22] Wiederholt verweist Arendt darauf, dass die organisierten Angriffe sich im Wesentlichen damit beschäftigten, »ein Propaganda-Phantom, ein sogenanntes ›image‹ zu kreieren« mit dem Resultat, »daß sich ein Streit um ein Buch erhob, das niemals geschrieben worden ist« (EJ, 52).

Nun gehen die Auffassungen darüber, ob es sich bei Arendts Eichmann-Report um einen Bericht handelt, welche »Fakten«

der Geschichte in eine solche Prozessdarstellung gehören und inwieweit es der Berichterstatterin zusteht, ein politisches Urteil zu fällen, noch heute weit auseinander. Auch Jahrzehnte später ist der »Ton«, in dem über Arendts »Ton« im Eichmannbuch gesprochen wird, keineswegs frei von Polemik. In der Einleitung zu dem im Jahr 2000 erschienenen Konferenzband *Hannah Arendt Revisited: »Eichmann in Jerusalem« und die Folgen* macht Gary Smith Arendt das wenig schmeichelhafte Kompliment, glänzend geschrieben zu haben, freilich um den Preis, die historische Komplexität zu verkürzen.[23] Zudem wirft er ihr intellektuelle Eitelkeit vor: »[Sie] nutzt ihre unbestreitbare literarische Kraft dazu, die Historie des Holocausts so mit der Figur des banalisierten Eichmanns zu verbinden, daß ihr ›Report‹ auf den Seiten des *New Yorker* und im späteren Buch sie selbst als die erste Intellektuelle erstehen läßt, die den Bann des Unbegreifbaren durch die souveräne Erzählung zu brechen weiß.«[24] Und schließlich sieht er in Arendts Urteil, es handele sich bei der von Eichmann organisierten Vernichtungspolitik um »Verbrechen gegen die Menschheit«, eine den »einzigartigen Kern des rassistischen Massenmords« an den Juden reduzierende Begrifflichkeit, die in ihrem universalistisch-übergreifenden Anspruch vielleicht auf der Höhe des philosophischen Begriffs sei, aber keinen »Anspruch auf historische Erkenntnis« erheben könne.[25]

Was wird nun in *Eichmann in Jerusalem* besprochen, und auf welche Weise stellt Arendt die im Prozess thematisierten »Fakten« dieser Geschichte dar? Eingerahmt von einer erst der zweiten Ausgabe von 1965 hinzugefügten Vorrede, zu der sich Arendt angesichts der öffentlichen Diskussion genötigt sah, und einem Epilog, in dem sie einige Probleme »allgemeinerer Natur« aufwirft (EJ, 56), hat das Buch 15 Kapitel: Im ersten Kapitel wird der Gerichtssaal beschrieben; in den nächsten beiden Kapiteln erörtert Arendt neben biographischen Daten zu Eichmann seine

Kompetenz »in der Judenfrage«; es folgen drei Kapitel über die Phasen der »Lösung der Judenfrage«, nämlich »Vertreibung«, »Konzentration« und »Endlösung«; das siebente Kapitel widmet sich der »Wannseekonferenz« und das achte dem »Pflichtverständnis« von Eichmann; dann werden in vier Kapiteln die einzelnen Deportationen länderspezifisch aufgeführt und im 13. Kapitel die »Mordzentralen im Osten« beschrieben; schließlich gibt es zwei Abschlusskapitel, wovon das eine den Beweismitteln und den Zeugenaussagen gewidmet ist, während das andere das Urteil und die Urteilsbegründung des Gerichts sowie die Hinrichtung zum Gegenstand haben.

Sieht man von der später hinzugefügten Vorrede und dem erklärtermaßen urteilenden Epilog ab, so verweist die formale Kapitelstruktur des Eichmann-Reports zunächst auf eine Darstellung der während des Prozesses zur Sprache gekommenen »Fakten«. Aber Fakten allein machen noch keinen Bericht. Es gehört zu dem Grundverständnis von Arendts politischer Theorie, dass die »Fakten der Geschichte« nur dann in das »politische Gedächtnis« eingehen und politisch handlungsrelevant werden, wenn sie in einer Geschichte »sinnvoll« erzählt und das heißt auf spezifische Weise arrangiert, interpretiert und beurteilt werden (ID, 125; FP, 207; GL, 38; NG, 61 f.). Insofern trifft Dan Diner in seiner kritischen Einschätzung, bei Arendts Bericht handele es sich um eine eigene Interpretation zu dem von ihr als in hohem Maße verzerrt empfundenen Narrativ jüdischer Geschichte,[26] durchaus den performativen Ansatz von Arendts politischer Theorie. Danach ist das Politische wesentlich sprachlich verfasst. Das betrifft das im engeren Sinne politische Handeln, also das in öffentlicher Rede und Gegenrede begründete Beraten und Entscheiden, aber ebenso die narrative Tradierung politischen Handelns, auf die sich Akteure interpretativ beziehen, wenn sie für ihre Vorschläge und Projekte um öffentliche Anerkennung und Unterstützung werben.

Die durch das Eichmannbuch ausgelöste Kontroverse konzentrierte sich vor allem auf vier Aspekte: die moralphilosophische Kategorisierung des Täters Adolf Eichmann als banal beziehungsweise »normal«, die Frage nach dem Verhältnis von persönlicher Verantwortung und politischer Kollektivschuld sowie, damit verbunden, die Möglichkeit des Widerstands. Die schärfsten Polemiken richteten sich schließlich gegen die von Arendt thematisierte Rolle der »jüdischen Führer« in der nationalsozialistischen Vernichtungspolitik.

In ihrer Vorrede geht Arendt auf einige der kontrovers diskutierten Punkte ein. Zunächst erklärt sie, worum es in ihrem Bericht nicht geht: »Es handelt sich hier also nicht etwa um die Geschichte der größten Katastrophe, die das jüdische Volk je betroffen hat, noch um die Darstellung des totalen Herrschaftssystems oder um eine Geschichte des deutschen Volkes im Dritten Reich, noch schließlich gar um eine theoretische Abhandlung vom Wesen des Bösen.« (EJ, 54 f.) Sodann weist sie die Einschätzung von sich, sie habe diese »besondere Art des Verbrechens« über die Wendung vom »banal Bösen« derart ›normalisiert‹ und verallgemeinert, dass darüber der »Eichmann in jedem von uns« sichtbar werde, wodurch die Täter-Opfer-Relation grundsätzlich verkehrt werde (EJ, 55 f.).[27] Arendts Selbsteinschätzung zufolge kommt in dem Bericht »die mögliche Banalität des Bösen nur auf der Ebene des Tatsächlichen zur Sprache, als ein Phänomen, das zu übersehen unmöglich war. Eichmann war nicht Jago und nicht Macbeth, und nichts hätte ihm ferner gelegen, als mit Richard III. zu beschließen, ›ein Bösewicht zu werden‹. Außer einer ganz ungewöhnlichen Beflissenheit, alles zu tun, was seinem Fortkommen dienlich sein konnte, hatte er überhaupt keine Motive« (EJ, 57). Was Eichmann vor allem kennzeichnete, so eine von Arendts Kernthesen im Eichmann-Report, war »schiere Gedankenlosigkeit«. Wenngleich sie auch von der »empörenden

Dummheit« Eichmanns spricht, so interessiert sie in der Analyse die Gedankenlosigkeit, die keineswegs mit Dummheit einhergehen muss. Es ist Arendt zufolge Eichmanns Unfähigkeit zu denken, die ihn dafür prädisponierte, »zu einem der größten Verbrecher jener Zeit zu werden. Und wenn dies ›banal‹ ist und sogar komisch, wenn man ihm nämlich beim besten Willen keine teuflisch-dämonische Tiefe abgewinnen kann, so ist es darum noch lange nicht alltäglich. [...] Daß eine solche Realitätsferne und Gedankenlosigkeit in einem mehr Unheil anrichten können als alle die dem Menschen vielleicht innewohnenden bösen Triebe zusammengenommen, das war in der Tat eine Lektion, die man in Jerusalem lernen konnte. Aber es war eine Lektion, und weder eine Erklärung des Phänomens noch eine Theorie darüber.« (EJ, 57)

Auch eine zweite Kernthese fasst Arendt in ihrer Vorrede noch einmal zusammen. Danach verweist dieser »bisher unbekannte Verbrechertypus« auf die »Art des Verbrechens«, nämlich auf den »aus dem englischen Imperialismus stammende[n] Ausdruck ›Verwaltungsmassenmord‹«. Während der Begriff »Genocid« nicht ausreichend ist, »schon weil Völkermorde nicht beispiellos sind«, so trifft der Ausdruck »administrative massacres« die Sache erheblich genauer (EJ, 58). Mit der Bezeichnung des Holocausts als »Verwaltungsmassenmord« folgt Arendt ausdrücklich nicht der Verteidigung, Eichmann sei »nur ein ›winziges Rädchen‹ im Getriebe der ›Endlösung‹« gewesen (EJ, 58). Sie verweist aber darauf, »[d]aß es im Wesen des totalen Herrschaftsapparates und vielleicht in der Natur jeder Bürokratie liegt, aus Menschen Funktionäre und bloße Räder im Verwaltungsbetrieb zu machen und sie damit zu entmenschlichen«, und wenngleich dies keine juristische Frage, sondern für die Politik- und Sozialwissenschaften von Bedeutung ist, wie Arendt bemerkt, so ließe sich über »die Herrschaft des Niemand, die eigentliche Staatsform der Büro-kratie, [...] lange und mit Gewinn streiten« (EJ, 59).

Hier wird freilich sehr deutlich, dass Arendt in ihrem Bericht durchaus grundsätzlichere Fragen erörtert, die über das rein Juristische und die Person Eichmann hinausreichen. Zudem analysiert, gewichtet und beurteilt Arendt die im Prozess thematisierten Sachverhalte. Das betrifft die Art des Verbrechens, die Möglichkeiten des Widerstands, »das Wesen und das Funktionieren der menschlichen Urteilskraft« (EJ, 65) sowie die Frage von »Kollektivschuld bzw. Kollektivunschuld« (EJ, 68). Schließlich ›macht durchaus der Ton die Musik‹. Ein Beispiel dafür, wie Arendt über die sprachliche Darstellung das im Prozess Verhandelte bewertet, bietet ihre Beschreibung von Eichmanns physiognomischer Erscheinung: Der Mann in dem Glaskasten ist »ein mittelgroßer, schlanker Mittfünfziger mit zurückweichendem Haaransatz, schlechtsitzendem Gebiß und kurzsichtigen Augen« (EJ, 73). Etwas später bezeichnet sie ihn auch als »Hanswurst« (EJ, 138).

Dieser ironische »Ton« wurde vielfach als extrem unangemessen empfunden, wobei freilich der argumentative Kontext, in dem Arendt diese und andere »komische« Eindrücke schildert,[28] außer Acht gelassen wurde. Denn womit sie hier umzugehen versucht, ist das im Prozess deutlich gewordene »Dilemma zwischen dem namenlosen Entsetzen vor seinen Taten und der unbestreitbaren Lächerlichkeit des Mannes, der sie begangen hatte« (EJ, 137). Mit der Wendung von der »Banalität des Bösen« will Arendt dieses Dilemma auf den Begriff bringen. Denn wiewohl es einfacher gewesen wäre, wenn Eichmann das »Monster« gewesen wäre, das die Staatsanwaltschaft aus ihm machen wollte (EJ, 138), so war Eichmann aus Arendts Sicht eben gerade kein mordlüsternes Wesen, sondern »ein durchschnittlicher, ›normaler‹ Mensch, der weder schwachsinnig noch eigentlich verhetzt, noch zynisch ist«, der aber ganz offensichtlich und für alle Prozessbeteiligten unvorstellbar, ganz außerstande war, »Recht von Unrecht zu scheiden« (EJ, 103). Indem alle – Ankläger, Verteidiger und Richter – nicht sehen konnten, was Arendts Einschätzung zufolge so offensichtlich war, »entging ihnen das schwerste moralische Problem des Falles, über den sie zu Gericht saßen, [...], daß der Angeklagte innerhalb des NS-Regimes keine Ausnahme gewesen« ist, sondern eben erschreckend »normal«. »Ausnahmen« waren die Wenigen, die sich noch so etwas wie ein »normales Empfinden« bewahrt hatten (EJ, 103).

Die »Banalität« des Täters, die in einem so eklatanten Widerspruch zu der Vernichtungspolitik stand, an deren Organisation und Durchführung Eichmann in verantwortlicher Position mitgewirkt hat, äußert sich für Arendt in seiner »Wichtigtuerei« und »Prahlerei« (EJ, 127 f.), vor allem aber zeigt sie sich in seiner Sprache, die zwischen Klischees und einem kaum verständlichen Amtsdeutsch changiert (EJ, 129 f.). Im Gegensatz zu den Richtern, die »dem Angeklagten bei der Urteilsverkündung vorwarfen, alles, was er vorgebracht habe, sei ›leeres Gerede‹ gewesen«, aber »zu Unrecht« glaubten, wie Arendt kommentiert, »daß diese Leere vorgetäuscht war«, und seinen wiederholten Beteuerungen, er sei im Sinne der Anklage nicht schuldig, und zwar im Sinne von nicht verantwortlich, keinen Glauben schenkten,[29] erkennt Arendt in Eichmanns »Unfähigkeit, sich auszudrücken« eine Unfähigkeit zu denken und zu urteilen (EJ, 130 f.).

Den Zusammenhang zwischen Sprechen, Denken und Urteilen hat Arendt nach dem Eichmannbuch in ihrem auf drei Bände angelegten Spätwerk *Vom Leben des Geistes* ausführlich erörtert. In ihrem Aufsatz *Über den Zusammenhang von Denken und Moral* von 1971 sind die Grundüberlegungen bereits enthalten. Danach entsteht das »Gewissen«, womit Arendt die Fähigkeit verbindet, »Richtiges vom Falschen, Schönes vom Hässlichen zu unterscheiden« (DM, 155), aus dem Denken. Mit Sokrates bezeichnet Arendt das Denken als stilles Zwiegespräch zwischen mir und meinem Selbst (PV, 35). Unter den besonderen Umständen totalitärer Regime, in denen es einen öffentlichen Raum, in dem verschiedene Standpunkte und Perspektiven auf eine zu beurteilende Sache erscheinen können, nicht gab und folglich auch nicht die Möglichkeit, sich in Ansehung differenter Positionen eine eigene Meinung zu bilden, erwächst aus diesem eigentlich weltlosen, da nur auf sich selbst bezogenen Zwiegespräch die unmittelbar politisch relevante moralische Disposition, unrechte Handlungen zu unterlassen. Wie Arendt im Rekurs auf den Dichter W. B. Yeats schreibt, tritt die politische Bedeutung des Denkens »in der Geschichte nur in jenen seltenen Augenblicken zutage, wenn ›die Dinge auseinanderbrechen, das Zentrum nicht hält, die reine Anarchie über die Welt losgelassen wird und es den Besten an innerer Gewißheit fehlt, während die Schlechtesten voll leidenschaftlicher Intensität sind‹« (DM, 154).

Politische Verantwortung und individuelle Schuld

In der Einschätzung, Eichmann sei unfähig gewesen zu denken, charakterisiert Arendt den spezifischen Tätertypus in totalitären Regimen, sie verbindet damit jedoch weder eine Entlastung der Täter noch eine Banalisierung der Taten, wie unmissverständlich in ihrem Urteil am Ende des Berichts deutlich wird, in dem sie Eichmann direkt adressiert: »[W]enn Sie sich auf Gehorsam berufen, so möchten wir Ihnen vorhalten, daß die Politik ja nicht in der Kinderstube vor sich geht und daß im politischen Bereich der Erwachsenen das Wort Gehorsam nur ein anderes Wort ist für Zustimmung und Unterstützung. So bleibt also nur übrig, daß Sie eine Politik gefördert und mitverwirklicht haben, in der sich der Wille kundtat, die Erde nicht mit dem jüdischen

Volk und einer anderen Volksgruppe zu teilen, als ob Sie und Ihre Vorgesetzten das Recht gehabt hätten, zu entscheiden, wer die Erde bewohnen soll und wer nicht. Keinem Angehörigen des Menschengeschlechts kann zugemutet werden, mit denen, die solches wollen und in die Tat umsetzen, die Erde zusammen zu bewohnen. Dies ist der Grund, der einzige Grund, daß Sie sterben müssen.« (EJ, 428 f.)

Dieses Urteil wurde als anmaßend und als Infragestellung des Jerusalemer Gerichts empfunden. Vor allem aber wurde dieses Urteil mit zwei weiteren Einschätzungen Arendts in Verbindung gebracht: mit ihrer Einschätzung, es habe in Deutschland keinen nennenswerten Widerstand gegen die nationalsozialistische Vernichtungspolitik gegeben (EJ, 197 f.), und mit ihrer Beurteilung der Rolle, die die jüdischen Funktionäre bei der »Lösung der Judenfrage« spielten.

Arendts recht knappe Bemerkung, es habe in Deutschland nur sehr vereinzelte Proteste gegeben, die nichts auszurichten vermochten (EJ, 202 f.), hat vor allem in Deutschland große Proteste ausgelöst. So bezeichnet Golo Mann in seiner hochpolemischen Kommentierung *Der verdrehte Eichmann* (1963) Arendts »Charakteristik des deutschen Widerstandes« als eine der »empörendsten Verleumdungen, die je über diese Bewegung verbreitet wurden«,[30] und er beschließt seine Besprechung mit der vernichtenden Bemerkung, dieses Buch habe »in seiner überklugen Dialektik eine Nacht gemacht, in der alle Katzen grau sind; in der die Guten nicht gut sind und die Schlechten nicht schlecht, die Guten nichts besser machen konnten, die Schlechten kaum etwas schlechter«[31].

Die größten Angriffe auf das Buch haben freilich Arendts Ausführungen zur Kooperation der Judenräte ausgelöst. Arendt bezeichnet die Zusammenarbeit der »jüdischen Führer« mit den nationalsozialistischen Behörden als das für Juden zweifellos

»dunkelste Kapitel in der ganzen dunklen Geschichte« (EJ, 220). Die Nazis konnten sich darauf verlassen, so Arendt vor allem im Rekurs auf das Buch des Historikers Raul Hilberg *The Destruction of the European Jews* (1961), »daß jüdische Funktionäre Personal- und Vermögenslisten ausfertigen, die Kosten für Deportation und Vernichtung bei den zu Deportierenden aufbringen, frei gewordene Wohnungen im Auge behalten und Polizeikräfte zur Verfügung stellen würden, um die Juden zu ergreifen und auf die Züge bringen zu helfen – bis zum bitteren Ende, der Übergabe des jüdischen Gemeindebesitzes zwecks ordnungsgemäßer Konfiskation« (EJ, 221).

Die Verteidiger von Arendt haben bisweilen die Seiten, auf denen Arendt die Mitarbeit der jüdischen Funktionäre bei der »Zerstörung ihres eigenen Volkes« (EJ, 220) behandelt, zum Gesamtumfang des Eichmannbuchs ins Verhältnis gesetzt.[32] Doch wie man auch zählt und gewichtet – Arendt hat sehr klar und sprachlich pointiert über diese im Prozess nur am Rande und aus ihrer Sicht unzureichend thematisierte Geschichte geurteilt (EJ, 223). Explizit kritisiert sie den Staatsanwalt Gideon Hausner dafür, dass in seinem »›Gesamtbild‹ gerade an dieser bedenklichsten Stelle ein leerer Fleck dadurch [entstand], daß kein Zeuge über die Zusammenarbeit zwischen nationalsozialistischen und jüdischen Behörden vernommen wurde, daß also kein Anlaß bestand, die schwerwiegende Frage zu stellen: Warum habt ihr die Mitarbeit an der Zerstörung eures eigenen Volkes und letztlich an eurem eigenen Untergang nicht verweigert?« (EJ, 229) Arendt zufolge sollte hier die »Wahrheit« vernebelt werden, dass das jüdische Volk als Ganzes zwar nicht organisiert war, aber keineswegs gänzlich unorganisiert und führerlos gewesen ist: »Von Polen bis Holland und Frankreich, von Skandinavien bis zum Balkan gab es anerkannte jüdische Führer, und diese Führerschaft hat fast ohne Ausnahme auf die eine oder andere Weise, aus dem einen oder dem anderen Grund mit den Nazis zusammengearbeitet. Wäre das jüdische Volk wirklich unorganisiert und führerlos gewesen, so hätte die ›Endlösung‹ ein furchtbares Chaos und ein unerhörtes Elend bedeutet, aber angesichts des komplizierten bürokratischen Apparats [...] wäre das Resultat nur in den östlichen Gebieten [...] gleich schrecklich gewesen, und die Gesamtzahl der Opfer hätte schwerlich die Zahl von viereinhalb bis sechs Millionen Menschen erreicht.« (EJ, 230 f.)

Während die Kritiker Arendt vorgeworfen haben, sie habe in dieser Beurteilung die Opfer zu Tätern gemacht, sah Arendt gerade in der Verwischung von Täter- und Opferrollen ein entscheidendes Merkmal der besonderen Art von Verbrechen unter totalitärer Herrschaft.[33] Bereits im Totalitarismusbuch hatte sie betont, dass unter diesen besonderen Bedingungen die Menschen nicht nur ihrer Fähigkeit beraubt werden zu handeln, sondern »mit unerbittlicher Konsequenz zu Komplicen aller von dem totalitären Regime unternommenen Aktionen und begangenen Verbrechen« gemacht werden (EU, 727). Was »der Jerusalemer Prozeß der Welt nicht in seinem wahren Ausmaß vor Augen führte« und Arendt in ihrem »Bericht« nunmehr nochmals zur Sprache bringt, war der »Einblick in die *Totalität des moralischen Zusammenbruchs* [...], den die Nazis in allen, vor allem auch den höheren Schichten der Gesellschaft ganz Europas verursacht haben – nicht allein in Deutschland, sondern in fast allen Ländern, nicht allein unter den Verfolgern, sondern auch unter den Verfolgten« (EJ, 231).

Wenn nun aber die totalitäre Herrschaft eine Art »kollektiver Komplizenschaft« organisiert, inwiefern war Widerstand dann überhaupt möglich? Arendt beantwortet auch diese grundsätzliche Frage sehr klar: Widerstand war unter solchen Bedingungen nicht möglich – wohl aber bestand die Möglichkeit, nichts zu tun, also die Kooperation zu verweigern. Im Gespräch mit Joachim Fest pointiert Arendt dieses Urteil, wenn sie feststellt, dass es »hüben und drüben« eine Alternative gab, »und die hieß: nicht mitmachen, selber urteilen. [...] Diese Möglichkeit gab es. Dazu gehörte, dass man nicht Wir sagt, sondern dass man Ich sagt, dass man selber urteilt.«[34] Was Arendt hier wieder mit Verweis auf die menschliche Fähigkeit der Urteilskraft einfordert, ist »persönliche Verantwortung in der Diktatur«, so der Titel eines aus dem Nachlass veröffentlichten Manuskripts, das Vorträge enthält, die Arendt in der Hochzeit der Kontroverse um das Eichmannbuch 1964 und 1965 an US-amerikanischen Universitäten gehalten hat.

In diesem Vortragsmanuskript erklärt Arendt ihre im Eichmannbuch getroffene und in der Kontroverse missverständlich rezipierte Unterscheidung zwischen »Kollektivschuld« und »kollektiver Komplizenschaft« (EJ, 68).[35] In der weitverbreiteten Rede von einer kollektiven Schuld der Deutschen sieht Arendt eine Verwässerung der wichtigen Unterscheidung zwischen politischer Verantwortung und individueller Schuld (PV, 12). Schuld ist Arendt zufolge eine moralische und rechtliche Kategorie, welche nur auf Individuen angewendet werden kann, die sich persönlich durch aktive Mitwirkung an der Organisation und Durchführung von Verbrechen schuldig gemacht haben und dafür moralisch und rechtlich zur Verantwortung gezogen werden. Politische Verantwortung meint demgegenüber eine Form der kollektiven Verantwortung, die sich auf vergangenes politisches Handeln bezieht, insofern jede Regierung »für die Taten und Untaten ihrer Vorgängerin« die Verantwortung übernimmt (PV, 18). Mit politischer Verantwortung ist aber auch bürgerschaftliche Verantwortung gemeint, also die Verantwortung, die Mitglieder eines politischen Gemeinwesens übernehmen, wenn sie die Entscheidungen ihrer politischen Repräsentanten unterstützen oder gegen diese Entscheidungen opponieren. Die Übernahme bürgerschaftlicher Verantwortung setzt jedoch zumindest ein »Minimum an politischer Macht« voraus, da von niemandem verlangt werden kann, Verantwortung für die politische Welt zu übernehmen, wenn er absolut ohnmächtig und machtlos ist (PV, 35).

Für Arendt sind während der Auseinandersetzungen über den Eichmann-Prozess die »vergleichsweise einfachen Dinge«, kollektive Verantwortung und individuelle Schuld zu unterscheiden, »etwas komplizierter geworden durch die Theorie des Rädchens im Getriebe« (PV, 20). Im Dritten Reich mit seinem riesigen bürokratischen Apparat »gab es nur einen Mann, der Entscheidungen fällen konnte und dies auch tat und von daher politisch voll verantwortlich war – und das war Hitler [...]« (PV, 20). Individuell schuldig sind aber auch diejenigen, die wie Adolf Eichmann die Vernichtungspolitik des Führers aktiv unterstützt und organisiert haben. Sie können und müssen daher auch moralisch und rechtlich zur Rechenschaft gezogen werden, wie Arendt unmissverständlich urteilt. Allerdings stellt die totalitäre Herrschaft für Arendt insofern eine »Grenzsituation« dar, als dass unter diesen besonderen Bedingungen die individuelle Verweigerung, sich zu beteiligen, zu einer Form politischer Verantwortung wird (PV, 22 f.). Arendt verbindet mit diesem differenzierten und darin zugleich starken Verantwortungsbegriff eine vehemente Kritik an der Bürokratisierung der Politik in der Moderne.

Bürokratische Niemandsherrschaft: Hannah Arendt und Max Weber

Für Arendt gehört das Führerprinzip zu den besonderen Strukturmerkmalen der totalen Herrschaft, die bürokratische Organisation aber, auf die sich diese führerzentrierte Herrschaftsform in ihrem Funktionieren wesentlich stützt, ist eine »Erbschaft des Despotismus« (EU, 390) und gehört zu den charakteristischen Kennzeichen der Regierung moderner Massengesellschaften.

In ihren Ausführungen zur Bürokratie unterscheidet Arendt zunächst zwischen der »Bürokratie als Herrschaftsform«, wie sie sowohl im Imperialismus als auch bei den Vorkriegsdespotien in Österreich-Ungarn und dem zaristischen Russland praktiziert wurde, und der »Bürokratisierung bestehender Beamtenapparate«, wofür Frankreich das klassische Beispiel abgibt (EU, 393). Der grundlegende Unterschied besteht darin, dass die Beamten in Frankreich »zu keiner Zeit das Land regierten«,[36] während in der »Bürokratie als Herrschaftsform« die Verordnung an die Stelle der Regierung tritt. Im Gegensatz zur Gesetzesherrschaft in Verfassungsstaaten wissen »Menschen, die unter dem Regime der Verordnungen leben, [...] niemals, was oder wer sie eigentlich regiert, weil Verordnungen an sich immer unverständlich sind und die Umstände und Absichten, die sie verständlicher machen könnten, von der Bürokratie immer sorgfältig, als handele es sich gerade hier um höchste Staatsgeheimnisse, verschwiegen werden« (EU, 392). Arendt unterscheidet dann noch einmal zwischen der »altmodischen bürokratischen Herrschaft« der Vorkriegsdespotien und der totalitären Bürokratie. Während sich Erstere auf die Organisation des öffentlichen Lebens beschränkt, greift die totalitäre Bürokratie auch in die privaten Angelegenheiten und den seelischen Haushalt der Bürger ein (EU, 394).

Unterhalb dieser phänomenologischen wie begrifflichen Unterscheidungen, in denen sich Arendts spezifisch politiktheoretischer Zugriff auf das Politische ausdrückt,[37] bezeichnet Arendt die Bürokratie, in der das »Verschieben von Verantwortung zur täglichen Routine« gehört, auch als »Herrschaft des Büros« oder als »Herrschaft des Niemand« (PV, 22). Danach gehört es zu den hervorstechenden Eigenschaften aller bürokratischen Organisationen, dass sich die »untergeordneten Stellen« darauf zurückziehen, Befehle auszuführen, also keine verantwortlichen Entscheidungen zu treffen. Diese Charakterisierung des bürokratischen Apparats als sachlich kompetente, aber nicht politisch verantwortliche Verwaltung öffentlicher Angelegenheiten hat Arendt mit ihrem politiktheoretischen Widerpart Max Weber gemeinsam.[38]

Weber vergleicht die bürokratische Herrschaftsorganisation mit einer »Maschine«, die durch blinden Gehorsam am Laufen gehalten wird und sich strukturell durch Führerlosigkeit auszeichnet. Danach gibt es in Bürokratien sachlich kompetente »Vorgesetzte«, aber keine politischen Führer, die eigenverantwortlich für das einstehen, was sie tun.[39] Weber, dem es vor allem um die Ermöglichungsbedingungen politischen Führertums unter Bedingungen der bürokratisierten Moderne geht, erörtert das Spannungsverhältnis von Demokratie, politischer Führung und Bürokratie sowohl in seinen verfassungspolitischen Schriften am Vorabend der Weimarer Republik, womit ein klarer zeithistorischer Bezug auf die besonderen politischen Umstände Deutschlands am Ende des Kaiserreichs und die anstehende politische Neuordnung gegeben ist,[40] als auch in grundsätzlicher, demokratietheoretischer Hinsicht.

Kern dieser im Kontext seiner Theorie des »okzidentalen Rationalismus« entwickelten demokratietheoretischen Überlegungen ist die Diagnose einer umfassenden Bürokratisierung aller Lebensbereiche in der Moderne, in deren Folge die Menschen mehr und mehr ihre Eigenverantwortung und geistige Unabhängigkeit verlieren und dann als »buchstäblich entkernte ›Fachmenschen ohne Geist, Genußmenschen ohne Herz‹ [...] durch eine *bürokratische Herrschaftsstruktur* im wörtlichen und metaphorischen Sinne ›in Betrieb genommen‹ und in Abhängigkeit versetzt werden«[41]. Arendt teilt diese Krisendiagnose einer umfassenden Bürokratisierung aller Lebensbereiche in der Moderne.

Sie verbindet damit jedoch ebenso wenig wie Weber eine grundsätzliche Abwertung des Staatsbeamtentums, vielmehr betont sie die sachliche Kompetenz und die Effizienz des Beamtenapparats, »ohne den schon der Nationalstaat nicht auskam und ohne den kein moderner Staat gleich welcher Prägung funktionieren kann« (EU, 307).[42] Aber wenn die Verwaltung an die Stelle von Politik tritt, wenn politisches Handeln in bürokratischer Verwaltung aufgeht, dann wird – und auch hier folgt Arendt zunächst Weber – innerhalb des genuin politischen Bereichs, in dem es um verantwortliche, das politische Gemeinwesen in Gänze betreffende Entscheidungen geht, das Prinzip politischer Verantwortung durch das der organisierten Verantwortungslosigkeit ersetzt.

In einem voll entwickelten bürokratischen System, in dem »niemand« – in totalitären Regimen mit Ausnahme des Führers – herrscht, sondern alle nur Befehle ausführen, gibt es niemanden mehr, der sich für seine »Handlungen« persönlich verantwortlich fühlt. Arendt lässt jedoch genau diese Theorie des »Rädchens im Getriebe« nicht gelten. Wenn sich Adolf Eichmann in seiner Verteidigung darauf zurückzieht, nur ein »Rädchen im Getriebe« gewesen zu sein, dann muss die Frage gestellt werden: »Und warum, bittesehr, wurden Sie ein Rädchen oder blieben Sie es unter derartigen Umständen?« (PV, 22) Aber auch die Masse bürokratisch Mitwirkender auf »untergeordneten Stellen« entbindet Arendt nicht von persönlicher Verantwortung. Sie radikalisiert hier Webers Kritik an der bürokratischen Herrschaft in modernen Massendemokratien, in der politische Verantwortung durch die Bürokratisierung des politischen Bereichs verunmöglicht wird, indem sie seine elitistische Korrektur der »führerlosen«, allein durch Beamte geleiteten Demokratie gewissermaßen ›demokratisiert‹. Während Weber auf den verantwortlichen und plebiszitär gewählten politischen Führer setzt, dem institutionell gesicherte Gelegenheitsstrukturen politischen Durchregierens geboten werden müssen, um der von der bürokratischen Herrschaft des Niemand ausgehenden Gefahr, nämlich in eine autoritäre Diktatur abzugleiten, zu begegnen, und ansonsten »realistischer Weise« davon ausgeht, dass die demokratische Wählerschaft wie der bürokratische Apparat zu selbstverantwortlichen Entscheidungen nicht imstande ist,[43] plädiert Arendt grundsätzlich dafür, »das bösartige Wort ›Gehorsam‹ aus dem Vokabular unseres moralischen und politischen Denkens [zu] streichen« (PV, 38).

In der weitverbreiteten und zunächst plausibel erscheinenden Annahme, dass kein politisches Gemeinwesen oder eine andere Organisation ohne Gehorsam funktionieren würde, sieht Arendt einen grundlegenden Fehlschluss. »[D]er Trugschluss besteht darin, Zustimmung und Gehorsam gleichzusetzen. Was hier nicht stimmt, ist das Wort ›Gehorsam‹. Nur ein Kind gehorcht; wenn ein Erwachsener ›gehorcht‹, dann unterstützt er in Wirklichkeit die Organisation oder die Autorität oder das Gesetz, die ›Gehorsam‹ verlangen.« (PV, 36) Für Arendt sollten daher alle »diejenigen, die mitmachten und Befehlen gehorchten, nie gefragt werden: ›Warum hast Du gehorcht?‹, sondern: ›Warum hast Du Unterstützung geleistet?‹.« (PV, 38)

Arendt widerspricht damit vehement Webers herrschaftlichem Verständnis von Legitimität. Webers Definition von Herrschaft – als »Chance, für einen Befehl bestimmten Inhalts bei angebbaren Personen Gehorsam zu finden«[44] – zufolge existiert das für Herrschaft konstitutive Verhältnis von Befehl und Gehorsam nur als »Legitimitätseinverständnis«. Das heißt, die Anerkennung des Herrschaftsanspruchs setzt das Gehorchenwollen, also die Anerkennung dieser Herrschafts- und Autoritätsbeziehung als verbindlich und vorbildlich voraus.[45] In dieser Gleichsetzung von Legitimität und Akzeptanz sieht Arendt eine unpolitische, die zentrale Frage der politischen Verantwortung herrschaftlich-elitär verengende Sichtweise, mittels deren das, was politische Verantwortung meint, suspendiert wird. Arendts starkem Verantwortungsbegriff zufolge haben selbst in strikt bürokratischen Herrschaftssystemen, wie sie totalitäre Regime in Perfektion darstellten, diejenigen, die meinten, nur Befehle auszuführen, in Wirklichkeit die Politik des Regimes unterstützt.

In ihrer radikalen Umdeutung von Gehorsam in Unterstützung geht Arendt noch einen Schritt weiter. Unter den besonderen Umständen der totalitären Herrschaft nämlich wird das Nicht-Handeln zu einer Form des politischen Widerstands und Ungehorsam zu einer politischen Tugend: »So gesehen sind jene, die nicht am öffentlichen Leben unter einer Diktatur teilgenommen haben, auch diejenigen, die sich geweigert haben, sie zu unterstützen, indem sie jene Orte der ›Verantwortung‹ mieden, wo eine derartige Unterstützung unter Berufung auf Gehorsam gefordert wird. Und wir brauchen uns nur einen Augenblick lang vorzustellen, was mit dieser Art von Regierungen passieren würde, wenn genügend Leute ›unverantwortlich‹ handelten und die Unterstützung verweigerten« (PV, 37 f.). Damit hört nicht nur »der Sündenbock auf, bloß zufälliges Ventil und unschuldiges Opfer zu sein« (EU, 29), vielmehr werden die zum Denken und Urteilen befähigten Menschen grundsätzlich in die Pflicht genommen, für das, was sie tun oder unterlassen, zumindest persönlich und im Weiteren aber auch politisch die Verantwortung zu übernehmen.

Dieser starke Begriff von Verantwortung steht jedoch in Spannung zu Arendts um Freiheit zentrierter politischer Handlungstheorie, der zufolge kein politisch Handelnder souveräner Herr seiner Taten ist. Explizit gegen Webers herrschaftlichen Politik- und Machtbegriff gerichtet (MG, 36 ff.), in dem politische Führung unmittelbar mit der Eigenverantwortung des Führers verkoppelt wird, die Konsequenzen für sein Handeln zu übernehmen, bestreitet Arendt, dass es im Bereich des Politischen so etwas wie Souveränität gibt. Damit unternimmt sie zugleich einen Fundamentalangriff auf die abendländische Vorstellung politischer Souveränität, wie sie Anfang des 20. Jahrhunderts vor allem Carl Schmitt mit seinem politischen Dezisionismus aktualisiert und radikalisiert hat. Im Bereich der Politik als einem pluralistischen und ergebnisoffenen Handlungsbereich sind nicht nur alle Entscheidungen grundsätzlich kontingent, das heißt, sie hätten immer auch anders ausfallen können, sondern aufgrund der Offenheit des Entscheidungsprozesses selbst lassen sich auch die Folgen politischen Handelns nicht im Voraus bilanzieren. Wie können aber politisch Handelnde unter Bedingungen radikaler politischer Kontingenz und Nicht-Souveränität verantwortlich sein für das, was sie tun?

2. Was ist Politik? Grundelemente einer politischen Handlungstheorie

Hannah Arendt hat keine systematische Theorie der Politik entwickelt. Sie praktiziert vielmehr eine »Theorie eigener Art«,[46] die im Modus der Kritik dominanter Wahrnehmungskategorien des Politischen zu einer Neubeschreibung des ideellen Bezugsrahmens ansetzt, in dem über Politik nachgedacht und politisch gehandelt wird. Die zentrale Kategorie, die Arendt neu fasst, ist der Begriff Politik selbst. Entgegen dem spezifisch modernen Verständnis, wonach Freiheit da anfängt, wo Politik aufhört (WP, 29), und generell gegen die Instrumentalisierung der Politik im Dienste anderer, vermeintlich höherer Zwecke verschwistert Arendt Freiheit und Politik. Freiheit ist nicht der Zweck der Politik, sondern »der eigentliche Inhalt und der Sinn des Politischen selbst« (WP, 52). Im Zentrum dieser politischen Theorie der Freiheit steht ein kreativistischer Begriff politischen Handelns, der auf die Hervorbringung von Neuem abstellt.

Möchte man versuchen, Arendts nicht systematisch ausgearbeitete politische Handlungstheorie zu systematisieren, so lässt sie sich über fünf Merkmale charakterisieren: Das Politische wird erstens *topologisch* als ein besonderer, vom privaten wie gesellschaftlichen Raum unterschiedener Bereich öffentlich-politischen Handelns verstanden. Dieser besondere Raum wird zweitens *normativ* als ein Ort politischer Freiheit ausgezeichnet, der erst – so die damit verbundene dritte *modale* Kennzeichnung des Politischen – durch das Miteinander-Handeln der Bürgerinnen und

Bürger entsteht und in dieser Qualität auch nur weiterbesteht, wenn politische Akteure ihre durchaus differenten Ansichten austragen. Im Hinblick auf die *temporale* Dimension des Politischen besitzt politisches Handeln viertens die Macht, die Kontinuität von Vergangenheit, Gegenwart und Zukunft aufzusprengen. Diesem machtvollen Vermögen politischer Akteure, etwas ganz Neues zu beginnen, korrespondiert jedoch die Unsicherheit über die Dauerhaftigkeit politischen Handelns. Dieser Vergänglichkeit begegnen politische Akteure mittels Prozessen der Institutionalisierung. Über die Institutionalisierung politischer Macht wird politische Freiheit ermöglicht, aber auch begrenzt. Daher muss Arendt zufolge fünftens der öffentlich-politische Raum *institutionell* derart verfasst sein, dass er die für das Politische konstitutive Pluralität aktiv befördert und zugleich die integrative Austragung von Konflikten ermöglicht.

Freiheit: Pluralität versus Souveränität

Am Ende ihrer Studie *Elemente und Ursprünge totaler Herrschaft* formuliert Arendt eine politische Warnung, in die zugleich eine Hoffnung eingelassen ist. Arendt zufolge besteht die Gefahr totalitärer Herrschaft nicht darin, etwas Bleibendes zu errichten. Das ist gerade nicht das Ziel dieser gegen jede Stabilität gerichteten zerstörerischen Bewegung. Die totalitäre Herrschaft gleicht vielmehr einem »Sandsturm«, der »die uns bekannte Welt [...] zu verwüsten droht, bevor wir die Zeit gehabt haben, aus diesem Ende einen neuen Anfang erstehen zu sehen, der an sich in jedem Ende liegt, ja, der das eigentliche Versprechen des Endes an uns ist. *Initium ut esset, creatus est homo* – ›damit ein Anfang sei, wurde der Mensch geschaffen‹, sagt Augustin. Dieser Anfang ist immer und überall da und bereit. Seine Kontinuität kann nicht unterbrochen werden, denn sie ist garantiert durch die Geburt eines jeden Menschen.« (EU, 730)

Diese unverhoffte Hoffnung auf die menschliche Fähigkeit des Anfangen-Könnens, mit der Arendt die Analyse der totalitären Herrschaft als einer nicht nur unpolitischen, sondern antipolitischen Herrschaftsform (WP, 15) beschließt, bildet den normativen Kern ihrer um Freiheit zentrierten politischen Handlungstheorie. Emphatisch schreibt sie: »Wenn der Sinn von Politik Freiheit ist, so heißt dies, daß wir in diesem [politischen] Raum – und in keinem anderen – in der Tat das Recht haben, Wunder zu erwarten.« (WP, 35) Es gibt also »Wunder« im politischen Bereich der menschlichen Angelegenheiten, und der »Wundertäter« ist der Mensch selbst, der einen neuen Anfang macht (WP, 34).

Die Rede von »dem Menschen« als politischem »Wundertäter« ist jedoch durchaus missverständlich, denn Arendt wirft der abendländischen Tradition politisch-philosophischen Denkens gerade vor, das genuin Politische zu verfehlen, indem sie nach dem Politischen im Menschen fragt: »als ob es *im* Menschen etwas Politisches gäbe, das zu seiner Essenz gehöre. Dies stimmt gerade nicht; *der* Mensch ist a-politisch. Politik entsteht in dem *Zwischen-den-*Menschen, also durchaus *außerhalb des* Menschen.« (WP, 11) In diesem Zusammenhang kritisiert Arendt auch das »postklassische Missverständnis«, Aristoteles' Bezeichnung des Menschen als *zoon politikon* impliziere, der Mensch sei ein politisches Wesen. Das ist nicht der Fall: »Was er meinte, war lediglich, daß es eine Eigentümlichkeit des Menschen ist, daß er in einer Polis leben kann und daß diese Polis-Organisation die höchste Form menschlichen Zusammenlebens darstellt und daher in einem spezifischen Sinne menschlich ist, gleich weit entfernt von dem Göttlichen [...] und dem Tierischen« (WP, 37 f.).

Was aber meint nun Arendt damit, der Mensch in der Polis sei befähigt, Wunder zu tun, oder, wie sie mit Kant sagt, »eine

Kette von selbst anzufangen« (WP, 34)? Arendts politische Handlungstheorie, die sie vor allem in ihrer Studie *Vita activa oder Vom tätigen Leben* entwickelt, beruht auf drei formal-anthropologischen Annahmen: Natalität, Pluralität und Mortalität. Danach ist der Mensch ein einzigartiges, qua Geburt zur Spontaneität befähigtes Wesen (Natalität), das sein kreatives Potenzial, etwas Neues anfangen zu können, jedoch erst in kommunikativer Auseinandersetzung mit anderen, von ihm grundsätzlich unterschiedenen Akteuren entwickeln kann (Pluralität). In diesem gemeinsamen Handeln mit Anderen macht der sterbliche Mensch die Erfahrung, dass es möglich ist, die eigene Vergänglichkeit (Mortalität) zu transzendieren, denn das Handeln, »soweit es der Gründung und Erhaltung politischer Gemeinwesen dient, schafft die Bedingungen für eine Kontinuität der Generationen, für Erinnerung und damit für Geschichte« (VA, 15). Als ein initiatives, von Anderen existenziell unterschiedenes und seine Sterblichkeit intersubjektiv transzendierendes Wesen ist der Mensch für Arendt zur Politik befähigt.

Die Charakterisierung des Menschen als ein zur Politik befähigtes Wesen heißt freilich nicht, dass der Mensch diese Potenz auch realisieren muss. Es ist dem Menschen sehr wohl möglich, außerhalb der politischen Gemeinschaft zu leben oder, modern gesagt, auf politische Teilhabe zu verzichten, aber er verzichtet damit Arendt zufolge auch darauf, die in ihm angelegte Fähigkeit zu verwirklichen, etwas völlig Neues, noch nie Dagewesenes zu beginnen. Denn diese Fähigkeit lässt sich nur realisieren, wenn Menschen das Wagnis eingehen, sich öffentlich mit einer politischen Initiative zu exponieren, beziehungsweise bereit sind, eine solche Initiative öffentlich und das heißt: verantwortlich zu unterstützen. Für die Initiatoren wie für ihre Unterstützer stellt dieses öffentliche, sich für die gemeinsame Sache verantwortlich erklärende Handeln immer ein Risiko dar, weil kein politisch

Handelnder souverän über seine Taten verfügen kann. Was der Souveränität widerstrebt, ist das »Faktum der Pluralität« selbst. Der anthropologischen Tatsache nämlich, »daß nicht ein Mensch, sondern viele Menschen auf der Erde leben« (VA, 14), entspricht im politischen Raum die Bedingung, dass jeder Handelnde immer von der Interaktion Anderer abhängig bleibt. Was aus dieser Interaktion am Ende entsteht, lässt sich am Beginn nicht sicher abschätzen. Das Einzige, was sich mit Sicherheit sagen lässt, ist, dass unter der Bedingung einer pluralistischen Verfasstheit des politischen Raums kein Handelnder imstande ist, seine ursprüngliche Idee oder sein politisches Projekt souverän genau so zu realisieren, wie er es geplant hat.

Dass es im politischen Bereich der menschlichen Angelegenheiten so etwas wie Souveränität nicht gibt, gilt Arendt als Ausweis politischer Freiheit. Im Umkehrschluss bedeutet dies, dass immer dann, wenn Souveränität als kardinales Merkmal politischen Handelns bezeichnet wird, eine herrschaftliche Konzeption des Politischen verteidigt und eine herrschaftliche Schließung des pluralistisch verfassten öffentlich-politischen Raums forciert wird. Eben dies ist das erklärte Ziel Carl Schmitts, des Zeitgenossen und gewissermaßen theoretischen Antipoden Arendts, der die Souveränitätskonzeptionen von Jean Bodin, Thomas Hobbes und Jean-Jacques Rousseau ideenpolitisch radikalisiert.[47]

In seiner berühmten Definition, »souverän ist, wer über den Ausnahmezustand entscheidet«,[48] ist der Zusammenhang von öffentlicher Debatte und politischer Entscheidung, wie er seit Aristoteles das politische Denken des Republikanismus kennzeichnet, dem auch Arendt zugerechnet werden kann, zugunsten des absoluten Entscheidungsmonopols des »souveränen Diktators« gänzlich aufgehoben.[49] Zusammen mit der modalen Begriffsbestimmung des Politischen, wonach die »existenzielle« Unterscheidung von Freund und Feind zur »spezifisch politischen

Unterscheidung« avanciert, über die die Zugehörigkeit zu oder der Ausschluss aus der politischen Gemeinschaft festgelegt wird,[50] bildet diese Souveränitätskonzeption die Grundlage für Schmitts antipluralistische, antiliberale und antiparlamentarische Konzeption der »identitären Demokratie«.

Obwohl Arendt mit vielen Schriften Schmitts bekannt war und ihn auch gelegentlich erwähnt,[51] hat sie sich nicht explizit mit ihm auseinandergesetzt. Mit ihrer nicht-herrschaftlichen Konzeption von Politik, die Souveränität als Haupthindernis für ein genuin politisches Verständnis des Politischen ausmacht, hat sie jedoch für das 20. Jahrhundert die klassische Gegenposition zu Schmitt formuliert. Schmitt bindet die Stabilität politischer Gemeinwesen an die souveräne Entscheidungs- und Interpretationskompetenz des politischen Führers, der Interessen- und Wertkonflikte dezisionistisch zu entscheiden und die Pluralität von Meinungen zugunsten der Herstellung politischer Identität zu unterbinden hat. Arendt setzt dagegen auf einen kommunikativen Modus der Konfliktaustragung. Diesem konflikttheoretischen Ansatz nach sind politische Ordnungen nur dann dauerhaft stabil, wenn es gelingt, die Pluralität derart im politischen Prozess der Meinungsbildung und Entscheidungsfindung zu institutionalisieren, dass ein integrativer, auf Verständigung gerichteter Modus der Austragung von Konflikten ermöglicht wird. Insofern erscheint nicht Carl Schmitt, der Denker der Freund-Feind-Unterscheidung, sondern vielmehr Hannah Arendt, die sich an der aristotelischen Bürger- und Staatsfreundschaft orientiert, als die Denkerin des gerade für moderne, plurale Gesellschaften charakteristischen politischen Konflikts.

Aus ihrer umfänglichen Kritik der abendländischen Tradition politisch-philosophischen Denkens von Platon über Hobbes und Rousseau bis Weber und Schmitt nimmt Arendt freilich einige politische Denker aus. Zu diesen Ausnahmen gehört zuvorderst der erste Politikwissenschaftler des Abendlands – Aristoteles. Das Verdienst von Aristoteles sieht Arendt vor allem darin, dass er die griechischen Erfahrungen von Politik begrifflich tradiert und normativ ausgezeichnet hat. Für Arendt ist dies die Voraussetzung dafür, unterhalb der Deformierungen, die der Begriff der Politik in der politischen Geschichte und Ideengeschichte erfahren hat, ein genuines Verständnis von politischem Handeln als einem pluralistischen und kommunikativen Prozess der Meinungsbildung und Entscheidungsfindung wiederzuentdecken. Dass Politik eben nicht ursprünglich als Herrschaft von Menschen über Menschen oder als souveräne Umsetzung von bestimmten Zwecken mit den entsprechenden Mitteln verstanden wurde, rekonstruiert Arendt aus Aristoteles' Unterscheidung von *praxis* und *poiesis*.

Handeln: Die kommunikative und die initiative Dimension

Arendt sieht in Aristoteles' Unterscheidung zwischen Hervorbringen (*poiesis*) und Tun (*praxis*) nicht nur, wie Seyla Benhabib feststellt, »die philosophische Ausbildung eines Begriffs von Handlungen als Taten und Worte«,[52] sondern erkennt darin vor allem die Ausbildung eines nicht-herrschaftlichen Politikbegriffs. Im Gegensatz zum instrumentellen Charakter des Herstellens, das auf ein vorher festgelegtes Ziel hin einen Realisierungsprozess ins Werk setzt, an dessen Ende eben jenes Produkt steht, das als Entwurf den Herstellungsprozess leitete, geht politische Praxis bei Aristoteles im Tun oder Handeln selbst auf. Zwar kann es Zwecke geben, die verfolgt werden, und Ziele, an denen sich das politische Handeln orientiert, aber es ist die kommunikative Praxis politischen Handelns selbst, in der der Sinn des Politischen beschlossen liegt: »Solange man handelt, ist man frei, nicht vorher und nicht nachher, weil Handeln und Frei*sein* ein und dasselbe sind.« (FP, 206)

Aristoteles' politischer *praxis*-Begriff als ein selbstzweckhaftes Tun ist an einen pluralistisch und egalitär verfassten öffentlich-politischen Raum gebunden und vollzieht sich immer in Anwesenheit von und vor Anderen. Dies wird für Arendt der ideengeschichtliche und systematische Anknüpfungspunkt für ihre um Freiheit zentrierte politische Handlungstheorie. Ganz im Sinne der von Aristoteles ausgezeichneten politischen Erfahrungen in der griechischen Polis versteht Arendt Freiheit einerseits »negativ als Nicht-beherrscht-Werden« – was ein Nicht-Herrschen impliziert. Andererseits erscheint Freiheit »positiv als ein nur von Vielen zu erstellender Raum, in welchem jeder sich unter seinesgleichen bewegt. Ohne solche Anderen, die meinesgleichen sind, gibt es keine Freiheit, und darum ist der, der über Andere herrscht und daher auch von Anderen prinzipiell verschieden ist, zwar glücklicher und beneidenswerter als die, welche er beherrscht, aber er ist um nichts freier.« (WP, 39)

Arendts neoaristotelische Rückbesinnung auf die griechische Polis, in welcher der öffentlich-politische Raum den männlichen Vollbürgern vorbehalten war, die befreit von der Sorge um die wirtschaftliche Existenzsicherung als Freie und Gleiche die allgemeinen Angelegenheiten erörterten, wird häufig als antimodernistische und tendenziell elitäre Polisnostalgie angesehen.[53] Arendt stellt jedoch weder auf eine bruchlose Transformation der antiken Polis in die Moderne ab, noch wird Aristoteles für sie zur alleinigen ideengeschichtlichen Quelle ihrer politischen Handlungstheorie. Als politische Organisationsstruktur, die den genuin politischen Tätigkeiten des Miteinander-Handelns und Miteinander-Sprechens einen öffentlichen »Erscheinungsraum« sicherte, ist die Polis nur ein, wenn auch wesentlicher, systematischer Bezugspunkt für Arendts Vorhaben, Politik anders zu denken. Zu diesem Vorhaben gehört nämlich nicht nur die Auszeichnung der kommunikativen Qualität politischen Handelns, ebenso entscheidend ist die initiative Dimension. Die initiative Seite politischen Handelns ist mit Aristoteles und seiner Polis-Konzeption jedoch gerade nicht zu erklären. Das Herstellen von politischen Rahmenbedingungen, innerhalb deren sich das politische Handeln vollzieht, galt dem Griechen als vorpolitischer Akt eines fremden Gesetzgebers, der die Polis und ihre Struktur überhaupt erst ins Leben ruft (ÜR, 241).

Diese zweite Facette politischen Handelns, etwas ganz Neues beginnen zu können, gewinnt Arendt dann auch nicht aus ihrer Aristoteles-Lektüre, sondern vielmehr aus einer spezifischen Reinterpretation der homerischen Epen. Damit ist zugleich eine weitere Besonderheit der Arendt'schen »Theorie eigener Art« verbunden. Zu den ideengeschichtlichen Quellen, auf die sich Arendts »Denken ohne Geländer« stützt, gehören nicht nur im engeren Sinne philosophische oder politiktheoretische Texte, sondern ebenso literarische und poetische Narrationen. Damit ist die performativitätstheoretische Annahme verbunden, dass bestimmten Erzählungen Erfahrungen eignen, die für das Selbstverständnis politischer Gemeinschaften konstitutiv geworden sind. Die prominenteste Narration, auf die sich Arendt hier stützt, ist Homers Epos vom Untergang Trojas. Die homerischen Epen und insbesondere die *Ilias* besitzen für Arendt einen geradezu exemplarischen Charakter, »weil griechischem Selbstverständnis zufolge die Errichtung und Gründung der Polis aufs engste an die Erfahrungen gebunden waren, die innerhalb der Homerischen vorlagen« (WP, 46).

Was die Griechen in Arendts Darstellung von Homer lernten, war zuvorderst, dass es eines öffentlichen und institutionell gesicherten Raums bedarf, in dem der Einzelne im Gegensatz zu den vielen Anderen erscheinen kann. Als Reaktion auf das Prekäre des homerischen Heereslagers, das sich nach Kriegsende auflöste und also nicht in ein dauerhaftes politisches Gebilde überführt wurde, wird der öffentliche Rede- und Versammlungsraum in den Institutionen der Polis auf Dauer gestellt. Der zweite Lernprozess, den die Griechen Arendt zufolge mit Blick auf die homerischen Epen vollzogen, war ein negativer, nämlich der Ausschluss der Gewalt aus dem Bereich des Politischen. Das eigentlich Politische der Polis war, wie Arendt betont, anders als bei Homer um das »Zueinander-, Miteinander- und Über-etwas-Reden« zwischen Gleichen zentriert, die einander ohne Gewalt und Zwang zu überzeugen suchten. Der Krieg und die mit ihm verbundene Gewalt galten demgegenüber als unpolitisch (WP, 93). Zugleich habe die Polis den Begriff des Kampfes in ihre Organisationsform aber auch einbezogen, als sie den Redewettkampf als ausgezeichneten Modus eines sich in der Öffentlichkeit exponierenden Handelns institutionalisierte. Dieser »agonale Geist der Griechen« habe sein Vorbild im Kampf zwischen Achill und Hektor (WP, 94). Schließlich gründeten die Pluralität des Politischen und die *phronesis* beziehungsweise politische Klugheit als die von Aristoteles als politische Kardinaltugend ausgezeichnete Fähigkeit, sich die verschiedenen Perspektiven zu vergegenwärtigen, in der »Zweiseitigkeit«, mit der Homer den Trojanischen Krieg als Ganzes dichtete (WP, 96 f.). Es ist, so Arendts emphatische Würdigung dieser politischen Rezeption der homerischen Epen durch die Griechen, als hätte sich das homerische Heereslager nie wirklich aufgelöst.

Dieser Würdigung steht allerdings Arendts Kritik gegenüber, bereits in der griechischen Polisverfassung selbst und dann auch in der Tradition des politischen Denkens sei ein wesentlicher Aspekt des homerischen Vorbilds verschwunden, nämlich das mit dem Kriegerischen und damit auch Gewalttätigen verbundene tätige oder initiative Moment des Handelns. Durch die Veralltäglichung des kämpferischen Abenteuers in der Polis, die bloß noch den rhetorischen Wettstreit pflegt und auszeichnet, in dem das Gefahrvolle von Achills heroischem Kampf nur mehr müde aufscheint, »verschiebt sich die für das Frei-Sein wichtigste Tätigkeit vom Handeln auf das Reden, von der freien Tat auf das freie Wort« (WP, 47). Für den abendländischen Freiheitsbegriff hat diese Verschiebung, in deren Verlauf die initiative von der kommunikativen Handlungsdimension weitgehend überlagert wird, entscheidende Konsequenzen. In der Trennung von Handeln und Reden, die bei Homer noch zusammengehören, da »der Täter großer Taten auch immer gleichzeitig ein Redner großer Worte sein muß – und dies nicht nur, weil große Worte gleichsam erklärend die großen Taten begleiten müßten, die sonst stumm der Vergessenheit anheimfielen, sondern weil das Reden selbst von vornherein als eine Art Handeln aufgefaßt wurde« (WP, 48), verdrängt die Meinungsfreiheit den politischen Sinn dessen, was es bedeutet, einen neuen Anfang setzen zu können. Diese originäre Freiheit des Handelns, die Arendt im Anschluss an Kant auch Spontaneität nennt und deren politische Entsprechung der Gründungsakt eines neuen Gemeinwesens ist, wird in der Tradition des politischen Denkens gleichsam zu etwas Vor-Politischem, weil sie, als Fähigkeit des Einzelnen gedacht, die gemeinsame und gleichberechtigte Teilhabe am Politischen sprengt oder zu sprengen scheint.

Arendt holt die ursprünglich homerische Erfahrung politischen Handelns als das Wagnis, sich ohne Garantie auf Erfolg initiativ einzubringen, zurück in ihren politischen Freiheitsbegriff. Zu den »wenigen großen Glücksfällen der Geschichte«, in denen »der Sinn von Politik, und zwar sowohl das Heil wie das Unheil des Politischen, voll in Erscheinung« tritt (WP, 41 f.), gehören daher nicht nur die griechische Polisverfassung, sondern auch die Revolutionen der Neuzeit. Revolutionen sind für Arendt die einzigen politischen Ereignisse, in denen die menschliche Fähigkeit des Anfangen-Könnens unmittelbar politisch übersetzt wird, insofern ihr Ziel die Neugründung eines politischen Gemeinwesens ist.

Ob revolutionären Akteuren dieser Gründungsakt gelingt, ist jedoch keineswegs sicher. Revolutionen können glücken, aber sie können auch scheitern und in eine Konterrevolution beziehungsweise in eine Restauration der alten Ordnung münden oder gar zur Errichtung einer Diktatur führen. In diesem Sinne handelt es sich bei Revolutionen um Kontingenzphänomene *par excellence*: Vieles ist möglich, nichts ist gewiss. Gerade weil in Revolutionen die Chance auf eine Neugründung der Freiheit und die Gefahr des Scheiterns so eng beieinander liegen, werden Revolutionen für Arendt zu jenen außergewöhnlichen Ereignissen, an denen sich ablesen lässt, was politisches Handeln vermag und wie voraussetzungsvoll und wie zerbrechlich dieses Handeln zugleich ist. Denn wiewohl Revolutionen Arendt zufolge spontan ausbrechen, also im Erfahrungshorizont der beteiligten Akteure wie auch der zeitgenössischen Beobachter nicht vorhersehbar sind, lassen sich doch aus ihrer retrospektiven Betrachtung Voraussetzungen und Gelingensbedingungen von Revolutionen benennen.

Zu den Voraussetzungen von Revolutionen gehört, dass die politische Macht »auf der Straße liegt«.[54] Revolutionen werden nicht »gemacht«, sie werden vielmehr erst möglich, wenn die Machtstruktur des alten Staates bereits erodiert ist (MG, 49 f.). Nicht zuletzt wegen dieser politisch-historischen Einsicht, Revolutionen gehe ein schleichender Legitimationsverlust der bestehenden politischen Institutionen wie ein Vertrauensverlust in die Problemlösungskompetenz der politischen Eliten voraus, wurde Arendt nach den revolutionären Umbrüchen in Ost- und Mittelosteuropa Ende der 1980er Jahre als hellsichtige Revolutionstheoretikerin wiederentdeckt. Mit ihr ließ sich erklären, wie vermeintlich stabile Regime, die über eine gewisse Zeit hinweg Zustimmung über die herrschaftliche Herstellung von Gehorsam organisierten, wie ein Kartenhaus in sich zusammenfielen.

Die Gelingensbedingungen von Revolutionen erörtert Arendt vor allem in ihrem 1963 erschienenen Buch *Über die Revolution*, in dem sie die Amerikanische mit der Französischen Revolution Ende des 18. Jahrhunderts vergleicht. Danach durchläuft jede Revolution zwei Phasen: eine häufig mit Gewalt verbundene erste Phase der machtvollen Befreiung von Fremdherrschaft und Unterdrückung und eine zweite Phase der machtvollen Stiftung einer neuen Ordnung. Während in der ersten Phase das »intersubjektive Vermögen« machtvollen Handelns Ordnung, Staat und Recht zerstört und vernichtet, zeigt die Macht in der zweiten Phase der Revolution ihre »produktive«, Ordnung neu hervorbringende Seite.[55] Doch damit eine Revolution überhaupt in Gang kommen und mit politischen Zielen verbunden werden kann, haben sich die Revolutionäre in ihrer Kritik der alten Ordnung und in ihren Vorstellungen von deren Überwindung miteinander zu verständigen, was auf die kommunikative Dimension politischen Handelns zurückverweist.

Macht: Die Aporien des Handelns

Ist für Arendt das Politische ein Ort der Freiheit und der öffentlichen Diskussion, so ist es zugleich aber auch ein Ort von Macht und Konflikt. Das Phänomen der Macht diskutiert Arendt in all ihren politischen Büchern: in *Elemente und Ursprünge totaler Herrschaft* ebenso wie in *Vita activa* und im Revolutionsbuch. In der kleinen Studie *Macht und Gewalt* systematisiert sie ihre begriffstheoretischen Überlegungen über kategoriale Abgrenzungen.

Unter Macht versteht Arendt nicht die sanktionsgestützte Entscheidungskompetenz politischer Führer, sondern zuvorderst die Handlungsfähigkeit politischer Akteure, sich mit Anderen zusammenzuschließen, um ein gemeinsames Anliegen zu verfolgen (MG, 45). Über Macht verfügt demnach nie ein Einzelner, Macht ist vielmehr im Besitz einer Gruppe, sofern sie als organisierte Gruppe handelt. Im Umkehrschluss bedeutet dies, dass Macht verschwindet, wenn die Gruppe sich auflöst beziehungsweise wenn der Grund, warum eine Gruppe von Menschen sich zusammengefunden und organisiert hat, für das weitere Handeln belanglos geworden ist. Macht ist mithin eine Potenz, die sich erst im politischen Handeln realisiert und deren »Legitimität« nicht auf Zielen oder Zwecken beruht, »die eine Gruppe sich jeweils setzt«, sondern aus dem »Machtursprung« stammt, »der mit der Gründung der Gruppe zusammenfällt« (MG, 52).

Dieser assoziativ-kommunikative Machtbegriff wird über die zentrale Abgrenzung von dem Begriff der Gewalt weiter präzisiert: Während Macht ein Selbstzweck ist, weil ihr Zweck unmittelbar an das politische Handeln gebunden bleibt und nur im Handeln selbst liegt, zielt Gewalt auf etwas, was über die Gewaltausübung erreicht werden soll. Insofern besitzt Gewalt einen klar instrumentellen Charakter. Gewalt bedarf »immer eines Zwecks, der sie dirigiert und ihren Gebrauch rechtfertigt. Und das, was eines anderen bedarf, um gerechtfertigt zu werden, ist funktioneller aber nicht essentieller Art.« (MG, 52) Daher lässt sich der Einsatz von Gewalt hinsichtlich eines zu erreichenden Ziels zwar rechtfertigen, aber Gewalt selbst kann niemals legitim sein (MG, 53). Arendt führt ihre Machttheorie zu der pointierten Einschätzung, Macht gehöre zum Wesen aller staatlichen Gemeinwesen, Gewalt jedoch nicht. Gewalt werde immer dann angewandt, wenn politische Macht verloren ist beziehungsweise verloren geht. Politisch gesprochen sind Macht und Gewalt Ge-

gensätze: »[W]o die eine absolut herrscht, ist die andere nicht vorhanden.« (MG, 57)

Mit der Unterscheidung zwischen einem assoziativ-kommunikativen Macht- und einem instrumentellen Gewaltbegriff wendet sich Arendt gegen Max Webers Definition des Staats, der zufolge der Staat »ein auf das Mittel der legitimen (das heißt: als legitim angesehenen) Gewaltsamkeit gestütztes Herrschaftsverhältnis von Menschen über Menschen« ist (MG, 36). Dieser Staatsdefinition, der ein herrschaftlicher und gewaltzentrierter Machtbegriff korrespondiert, stellt Arendt einen bürgerschaftlichen Begriff kommunikativer Handlungsmacht gegenüber. Dieser genuin politischen Handlungsmacht attestiert sie ein kreatives und schöpferisches Potenzial, verweist aber zugleich auch auf die Freiheit gefährdende Seite dieser Handlungsmacht.

Macht ist zunächst ihrem Wesen nach *maßlos*, das heißt, Macht kann, wenn sie nicht kontrolliert und begrenzt wird, in Gewalt umschlagen. Die destruktive Seite der Macht hatte Arendt bereits im Totalitarismusbuch thematisiert, als sie die expansiv-imperiale Macht totalitärer Massenbewegungen gegen die politisch-territorialen Beschränkungen des europäischen Nationalstaats herausstellte.[56] In *Macht und Gewalt* wendet sie diesen negativen Machtbegriff nunmehr demokratiekritisch zu einem Einspruch gegen die einfache Mehrheitsherrschaft. Im Gegensatz zur Republik, die der demokratischen Handlungsmacht durch Gesetze und das Wirken von nicht-majoritär legitimierten Autoritäten Grenzen setzt, kann die ungebundene demokratische Mehrheitsherrschaft »Minderheiten auf furchtbare Weise unterdrücken und abweichende Meinungen ohne alle Gewaltsamkeiten sehr wirkungsvoll abwürgen. Ungeteilte und unkontrollierte Macht kann eine Meinungsuniformität erzeugen, die kaum weniger ›zwingend‹ ist als gewalttätige Unterdrückung.« (MG, 43) Arendt verweist hier auf die unterdrückenden und konformistischen Effekte unbeschränkter Mehrheitsherrschaft.

Die Macht politischen Handelns ist nicht nur maßlos, sondern zweitens in ihren Resultaten auch *nicht berechenbar*. Diese Unberechenbarkeit resultiert einerseits aus der Komplexität des Beziehungsgeflechts der menschlichen Angelegenheiten, die politisch Handelnde weder in Gänze zu überblicken vermögen noch gefahrlos ausblenden können. Doch selbst unter der aus Arendts Sicht nicht plausiblen Annahme, politische Akteure könnten dieses komplexe Beziehungsgefüge in Gänze überblicken, scheitern einfache, dezisionistische Strategien andererseits daran, dass sich die im politischen Prozess selbst erst entwickelnde Kreativität der Mithandelnden nicht berechnen, antizipieren und beherrschen lässt. Dieser ›Nachteil‹ resultiert aus der pluralistischen Struktur des Politischen selbst. So entsteht Arendt zufolge der Bedarf an politischem Handeln und Sprechen überhaupt nur dann, wenn es differente Standpunkte und Meinungen zu Fragen von allgemeinem öffentlichen Interesse gibt, die im politischen Entscheidungsprozess vermittelt werden müssen. Wenngleich Arendt diese konfliktive Pluralität zum Ausgangspunkt ihrer politischen Handlungstheorie macht und im stabilitätspolitischen Sinne für die Darstellung von Differenz, die Artikulation von Widerstand und die Sichtbarkeit des Ringens um politische Entscheidungen plädiert, ergibt sich hieraus das Problem, dass unter diesen Bedingungen die Folgen des Handelns nicht abzuschätzen sind. Die Chance des Politischen ist somit untrennbar zugleich ein Wagnis, das einzugehen Mut erfordert.

Drittens schließlich ist Macht *flüchtig*. Der Erscheinungsraum der Macht »entsteht, wo immer Menschen handelnd und sprechend miteinander umgehen« (VA, 193), und er verschwindet, wenn sich die Gruppe zerstreut (VA, 195). Arendt bindet politische Macht an das organisierte Handeln von Bürgern im öffentlichen Raum und verweist zugleich darauf, dass politische Macht nur in der Realisierung, das heißt im Vollzug des Handelns selbst wirkt. Da Macht also nicht ›aufgespart‹ werden kann – etwa in dem Sinne, dass eine Regierung im Krisenfall auf sie zurückgreift wie auf eine in Reserve gehaltene Stabilitätsressource –, wird politische Macht zu einer prekären Grundlage staatlicher Herrschaft. Genauer gesagt, ist politische Macht Arendt zufolge überhaupt keine Herrschaft stabilisierende Ressource, sondern ein revolutionäres Handlungsvermögen, das Herrschaft herausfordern und überwinden kann. Das revolutionäre Potenzial politischer Handlungsmacht fordert jedoch nicht nur Herrschaftsordnungen heraus, sondern strapaziert auch die Freiheit ermöglichenden institutionellen Begrenzungen politischer Handlungsfreiheit. Arendt zieht aus dieser Aporie jedoch nicht den Schluss, Staaten könnten oder müssten auf machtvolles Handeln seitens ihrer Staatsbürger verzichten – im Gegenteil: Es gehört zu den von Arendt aufgezeigten und in ihre Konzeption von Politik aufgenommenen Widersprüchen, dass die instabile, weil nur in aktiver Realisierung wirksame, und darin zugleich politische Ordnungen herausfordernde Macht die Grundlage für die Stabilität politischer Ordnung bildet.

Politische Macht besitzt wie das politische Handeln, aus dem sie entsteht, eine aporetische Struktur. Da Arendt den Weber'schen Ausweg aus den Aporien politischen Handelns ausschließt, den Weg also, die potenziell destabilisierende Handlungsmacht herrschaftlich-hierarchisch zu begrenzen, zugleich aber an der Begrenzung und Stabilisierung der ihrem Wesen nach maßlosen, unberechenbaren und flüchtigen Handlungsmacht interessiert ist, muss sie die Verbindlichkeit politischer Entscheidungen anders begründen. Und sie muss erklären, wie politisch Handelnde, die unter den Bedingungen von Nicht-Souveränität politische Entscheidungen treffen, deren Folgen sie also nicht abschätzen können, Verantwortung für ihr Handeln tragen. An dieser Stelle führt Arendt zwei »Heilmittel« ein, über die Unsicherheiten und Risiken kompensiert werden können. Das Heilmittel gegen die Unabsehbarkeit der Handlungsfolgen liegt in dem menschlichen Vermögen, Versprechen zu geben und zu halten. Das Heilmittel gegen die Unwiderruflichkeit des getanen Handelns gründet in der menschlichen Fähigkeit des Verzeihens. Harald Bluhm erkennt hierin Arendts doppeltes Kompensationsangebot: »Versprechen als Mobilisierungsressource für das Beginnen von Neuem und Verzeihen als Möglichkeit, die Kosten, und zwar vor allem die Kosten fehlgeschlagenen Tuns zu verteilen und zu reduzieren.«[57]

Das Verzeihen ist eine Qualität des öffentlich-politischen Raums, denn wiewohl die Verantwortung für fehlgeschlagenes Tun den Politikern zugerechnet werden kann, wird diese Verantwortung allein dadurch kompensiert, dass die politische Gemeinschaft den Politikern verzeiht. Arendt stellt hier auf die kommunikative Verarbeitung politischer Enttäuschungserfahrungen in gesellschaftlichen Selbstverständigungsdiskursen ab. Sie bricht damit zugleich die zunächst rein retrospektive Dimension des Verzeihens auf. Die öffentliche Diskussion politischer Fehlschläge und ihre Reintegration in das politische Gedächtnis einer Gemeinschaft bilden die Voraussetzung dafür, dass politische Akteure bereit sind, das Wagnis politischen Handelns überhaupt einzugehen.[58] Demgegenüber hat die Fähigkeit des Versprechens von vornherein eine prospektive Orientierung. Ohne die bindenden Versprechen, »welche wie Inseln der Sicherheit von den Menschen in das drohende Meer des Ungewissen geworfen werden«, wäre keine Kontinuität menschlicher Beziehungen möglich, »von Beständigkeit und Treue ganz zu schweigen« (VA, 231 f.).

Die Übersetzung der menschlichen Fähigkeit des Versprechens in den politischen Raum besteht in seiner Institutionalisierung. Versprechen manifestieren sich in gegenseitigen Verpflichtungen und Abkommen innerhalb von und zwischen Gemeinwesen, in politischen Institutionen und Organisationen. Ein ausgezeichnetes Dokument des Versprechens ist für Arendt die amerikanische Unabhängigkeitserklärung. Sie enthält »in neuer Form sowohl das altrepublikanische Prinzip der *potestas in populo* und daher implizit die Negation des Herrschaftsprinzips [...] als auch das föderative Prinzip ›eines auf Wachstum angelegten Commonwealth‹ (wie Harrington seine utopische *Oceana* nannte), in der konstituierte politische Gemeinschaften sich miteinander verbinden und dauerhafte Bündnisse abschließen, ohne ihre Identität aufzugeben« (ÜR, 222). Dieses Bündnis ist ein wechselseitiges Versprechen, das auf der Basis von Freiwilligkeit geschlossen wurde und prinzipiell offen ist für Veränderungen.

Versprechen: Die Autorität der Verfassung

Arendt bestimmt den Staat als organisierte und institutionalisierte Macht (MG, 53), dessen weitere Existenz wesentlich von der aktiven Unterstützung, der lebendigen Macht des Volks abhängig ist (MG, 42). Dieser Machtstaat ist ein Bürgerstaat, der auf eine Vereinbarung, auf einen Vertrag gegründet ist. Insofern der Vertrag die institutionellen Strukturen festlegt, in denen sich politisches Handeln vollzieht, hat er einen begrenzenden Charakter. Zugleich aber eröffnen die vertraglich gesicherten Institutionen erst einen stabilen politischen Handlungsraum. Somit hat der auf Vertrag gegründete Staat eine ermöglichende Funktion.

Mit ihrem auf Vertrag gegründeten assoziativen Machtstaat bewegt sich Arendt zunächst auf politiktheoretisch sicherem wie praktisch erprobtem Gelände. Das »Vermögen, Versprechen zu geben und zu halten, und die ihm innewohnende Macht, das Zukünftige zu sichern«, hat seit den Römern »im Zentrum politischen Denkens gestanden, was ja nichts anderes besagt, als daß man das Vermögen des Versprechens als die zentrale politische Fähigkeit ansah« (VA, 239). In ihr sah man jene der Freiheit gemäße Form, jenseits von Selbst-Beherrschung und der Herrschaft über Andere mit der zweifachen Ungewissheit umzugehen, dass Menschen nicht fähig sind, sich auf sich selbst zu verlassen, da ihr Handeln immer durch bereits vorhandene Strukturen geprägt ist, wie sie nicht Herr bleiben über das, was sie tun, da sie die Folgen nicht kennen. »Versprechen und die aus ihm sich ergebenen Abkommen und Verträge sind die einzigen Bindungen, welche einer Freiheit adäquat sind, die unter der Bedingung der Nicht-Souveränität gegeben ist.« (VA, 240)

Die Bedingung der Nicht-Souveränität aber weist Arendt als eine politiktheoretische Grenzgängerin aus, denn zumindest die Vertrags*theorie*, auf die Arendt hier abgrenzend Bezug nimmt, orientiert gerade auf die legitimatorische Begründung souveräner Gewalt. Die leitende Idee der vertragstheoretischen Begründung politischer Ordnung ist, dass es für freie und gleiche Menschen keine andere Verpflichtung geben kann als die, die sie freiwillig eingegangen sind. Der »Staat der Vereinbarung« wird in der kontraktualistischen Theorietradition auf einen hypothetischen Gründungsvertrag zurückgeführt, in dem die Grundsätze formuliert sind, nach denen eine Ordnung, sofern sie auf diesen Grundsätzen beruht, als legitim bezeichnet wird.[59] Arendt aber geht es nicht um hypothetische, sondern um wirkliche Verträge, und – was hier ebenso entscheidend ist – sie ist an Verträgen interessiert, die im Gegensatz zur Etablierung einer staatlich-souveränen Zwangsordnung einen selbstverpflichtenden Charakter besitzen.[60] Solche Verträge, die auf bürgerschaftliche Selbstverpflichtung abstellen, sollten Arendt zufolge präziser Versprechen genannt werden.

Das menschliche Vermögen, Versprechen zu geben und zu halten, besteht – politisch gesprochen – in einer Institutionali sierungsleistung, die zwei Funktionen erfüllt: Durch gegenseitige Verpflichtungen wird politische Macht generiert, und zugleich wird politische Handlungsmacht durch gegenseitige Versprechen begrenzt. So ist die Verfassung eine Form der politischen Selbstbindung, bei der politische Akteure innerhalb eines kommunikativen Akts gegenseitigen Versprechens einen politischen Raum institutionalisieren, in dem weitere Übereinkünfte geschlossen werden können und geschlossen werden müssen, da dieser Raum zugleich ein Ort ist, an dem die Pluralität von Perspektiven auf das allen Gemeinsame vermittelt werden. Die über Akte gegenseitigen Versprechens eingegangenen Verpflichtungen sind indes nicht unauflöslich: An Versprechen ist man nach Arendt gebunden, solange keine unerwarteten Umstände eintreten, und unter der Voraussetzung, dass die Gegenseitigkeit, die allen Versprechen zugrunde liegt, aufrechterhalten wird (ZU, 150 f.).

Arendt diskutiert die Frage der Verbindlichkeit von Versprechen exemplarisch anhand der US-amerikanischen Verfassungsgebung (ÜR, 5. Kap.). Die Bezeichnung der amerikanischen Verfassung als ein gegenseitiges Gründungsversprechen verweist auf Arendts performatives Verfassungsverständnis. Der Begriff Versprechen legt den Akzent viel stärker auf den kommunikativen Modus der Stiftung. Damit ist mehr gemeint als die interaktive Struktur von Verfassungshandeln. Das Sprechen selbst wird hier unmittelbar als ein Handeln gefasst, das politische Wirklichkeit verändert und eine neue politische Ordnung schafft, die Verbindlichkeit beansprucht. Das heißt, aus dem Akt des Sich-gegenseitig-Versprechens erwächst die (Selbst-)Verpflichtung an die nächsten Generationen, das Verfassungsversprechen zu halten und handelnd zu erneuern beziehungsweise zu bestätigen. Das Versprechen legt damit gegenüber dem juristischen Vertrag, der Verantwortung zu einem bloß formalen Problem macht, das qua richterlichem Urteil entschieden werden kann, eine normativ höhere

Verpflichtungskraft nahe, die sich aber aus dem Akt der gegenseitigen Selbstverpflichtung allein nicht begründen lässt. Damit taucht jedoch das alte Problem, dass das Politische nicht ohne eine sanktionierende Gewalt begründet und stabilisiert werden kann, wieder auf: »Weder der Vertrag noch das Versprechen, auf welchem Verträge beruhen, reichen aus, Dauerhaftigkeit zu gewährleisten und also die Angelegenheiten der Menschen so weit zu stabilisieren, daß sie für ihre Nachkommen Sorge tragen und in der Welt etwas errichten können, was sie überdauert.« (ÜR, 236)

Die Amerikaner lösten Arendt zufolge das zentrale praktisch-politische Problem, wie ein Anfang zu machen ist, dessen Autorität nicht angezweifelt werden kann, indem sie an die römischen Erfahrungen der Gründung anschlossen und diese zugleich neu interpretierten. Denn die Heiligkeit der Gründung Roms, von der sich im römischen Verständnis alle Autorität ableitete, war mythisch zurückgebunden an die erste Gründung der Stadt: Rom war die Auferstehung Trojas und daher genau genommen, wie Arendt betont, keine Neugründung, sondern eine Wiedergründung, die von der heiligen Verbindlichkeit der Tradition, also den mythischen Ursprüngen zehrte. Indem die Amerikaner Vergils *magnus ordo saeclorum* in einen *novus ordo saeclorum* verwandelten, war entschieden, dass die abendländische Tradition für sie nicht mehr verbindlich war, nicht mehr sein konnte. Sie mussten selbst zu Stiftern werden und dem Gründungakt, also ihrem eigenen Verfassungshandeln, jene Autorität zusprechen, die in Rom durch die Tradition verbürgt war. Die dem Gründungsakt zugesprochene Autorität zeigt sich für Arendt in der »Heiligsprechung« der Verfassung, weshalb den Verfassungsvätern eine religiöse Haltung im römischen und etymologischen Sinne zu attestieren sei: *re-ligare* als das Sich-Zurückbinden an einen Anfang. Allerdings setzten die Verfassungsväter diesen Anfang handelnd und sprechend selbst und verpflichteten alle weiteren politischen Entscheidungen auf diesen Gründungsakt (ÜR, 255 f.).

Indem sich die Amerikaner als Gründer einer neuen politischen Ordnung verstanden, als Stifter von Bezügen zwischen Menschen, im Weiteren aber nicht sich selbst, sondern dem Verfassungsdokument eine von wechselnden Machtallianzen unabhängige Autorität zusprachen, etablierten sie Arendt zufolge ein differenziertes Macht- und Autoritätsverständnis, das sich einer zweiten, wesentlich institutionellen Rezeption der römischen Republik verdankt: Autorität kommt im politischen Institutionengefüge der Vereinigten Staaten nicht dem Senat zu, wie dies im alten Rom der Fall war, sondern dem Obersten Gerichtshof. Er ist jene Institution, die der Autorität des Anfangs gleichermaßen verpflichtet ist, wie sie selbst ihre Autorität aus dem Gründungsdokument bezieht. Die Amerikaner haben damit die politische Autorität einer Institution zugewiesen, die sich klar von den anderen Staatsgewalten der Legislative und Exekutive abhebt und die, wiewohl sie selbst keine Macht besitzt, insofern die Verfassungsrichter nicht initiativ tätig werden, demokratische Handlungsmacht begrenzt (ÜR, 257).

In der institutionellen Trennung zwischen Macht und Autorität sieht Arendt die zentrale Leistung der amerikanischen Revolutionäre und die Grundlage für die Stabilität der republikanischen Demokratie: Über den machtvollen Akt der Verfassungsgebung wurde eine neue, auf Gesetze gegründete politische Ordnung gestiftet, zugleich aber wurde dieser im Verfassungstext dokumentierten demokratischen Gründungsleistung eine verbindliche Autorität zugesprochen, die dem demokratischen Zugriff enthoben sein sollte. Arendt sieht in diesem performativen Akt den Beweis dafür, dass handelnde Menschen imstande sind, ohne Bezug auf ein Absolutes, allein im Vertrauen auf die verbindliche Macht gegenseitigen Versprechens, einen neuen Anfang zu machen. Dieser performative Akt der Stiftung stellt eine politische Selbstbindung besonderer Art dar. Indem der Verfassung als Dokument des revolutionären Neubeginns eine dem wechselhaften Willen demokratischer Mehrheiten entzogene »heilige« Autorität zugesprochen und zugleich einer kleinen Gruppe von auf Lebenszeit berufenen Richtern die Kompetenz zugewiesen wurde, die Verfassung autoritativ auszulegen, kommt es zu einer erheblichen politischen Entmachtung des Souveräns: Im politischen System der Vereinigten Staaten von Amerika kommt keiner Institution – auch nicht dem Volk – die souveräne Entscheidungsgewalt zu.

Dieser Ausschluss der Souveränität aus dem politischen Bereich entlastet jedoch weder die mit Entscheidungsbefugnis ausgestatteten Repräsentanten noch die Bürgerschaft von der politischen Verantwortung. Mit ihrem starken Verantwortungsbegriff, der politische Eliten und Bürger gleichermaßen in die Pflicht nimmt, das machtvolle Versprechen, auf dem die republikanische Demokratie gründet, zu unterstützen, erneuert Arendt die altrepublikanische Kategorie der ›Tugend‹. Ihre Revitalisierung der Tugendethik ist dabei in ein Konzept politischer Führung eingebunden, das in Abgrenzung zu herrschaftlich-hierarchischen Ansätzen Führen und Folgen als interdependente Handlungsakte vorstellt, die jeweils beiderseits auf Verantwortung beruhen.

Verantwortung: Führen und Folgen

Für ihr handlungstheoretisches Konzept politischer Führung rekurriert Arendt zunächst wiederum auf die Antike. Dieses ursprungsphilosophische Herangehen, worin sich die Überzeugung ausdrückt, dass die griechische Polis »so lange am Grunde unserer politischen Existenz, auf dem Meeresgrunde also, weiter da sein [wird], als wir das Wort ›Politik‹ im Munde führen« (WB, 241), wird mit einer Etymologie politischer Begriffe verknüpft. Danach finden sich im Griechischen wie im Lateinischen noch zwei Bedeutungen von »handeln«: *archein / agere* im Sinne von »anfangen«, »führen« und »herrschen« sowie *prattein / gerere* im Sinne von »etwas durchführen« und »vollbringen« (FP, 218). Diese doppelte Bedeutung wird Arendt zufolge in zwei Politikmodelle aufgelöst, ein platonisch-herrschaftliches, in dem die Initiative den Herrschern zugerechnet und deren Vollzug den Beherrschten übertragen wird, und ein aristotelisch-kommunikatives Modell, das primär auf die stabile Fortführung des einmal begonnenen Unternehmens abstellt. Zwar schwinge in Aristoteles' Bemerkung, dass eine Polis sich nicht nur aus *prattontes*, sondern eben auch aus *archontes* zusammensetze, noch die Vorstellung von der positiven Freiheit des Anfangens mit (FP, 219), aber die initiative Dimension des Handelns trete zugunsten der im aristotelischen Sinne politischeren Dimension des kommunikativen Vollbringens und Weiterführens zurück (VA, 19). Mit der Aufwertung der Freiheit der Meinungsäußerung als »das Recht Anderer Meinungen zu hören und selbst gehört zu werden« gegenüber der Freiheit des »Einen-Anfang-Setzens-und-etwas-Beginnens« (WP, 48 f.) verschwinde *archein* bei Aristoteles jedoch nicht einfach, sondern werde von ihm – nunmehr in Übereinstimmung mit Platon – mit Herrschaft identifiziert. Die dann wirkmächtig gewordene politikwissenschaftliche Vorstellung, »daß jedes politische Gemeinwesen aus Herrschern und Beherrschten besteht und daß erstere befehlen und letztere gehorchen« (PV, 36), findet sich zwar konsequent argumentiert vor allem bei Platon, aber eben auch bei dem letztlich aus Arendts Sicht unentschiedenen Aristoteles. So werde die Polis einerseits als Gemeinschaft von Gleichen vorgestellt, die sich die Regierungsarbeit im rotierenden Modus teilen, und andererseits jedes Gemeinwesen als ein Zusammengesetztes bezeichnet, und zwar zusammengesetzt aus solchen, die herrschen, und solchen, die beherrscht werden (WA, 182).

Arendt erkennt in Aristoteles' Schwanken zwischen einem auf politische Freiheit und Gleichheit fokussierten kommunikativen Begriff der Politik und seiner aus der privaten Sphäre des Haushalts übernommenen Kategorie des Herrschens und Beherrschtwerdens[61] eine verkürzte Rezeption des komplexeren politischen Handlungsbegriffs, wie ihn das vorplatonische griechische Denken noch kannte. Entsprechend setzt Arendt für ihre handlungstheoretische Konzeption von Politik, in der Anfangen und Vollenden keine getrennten, sondern aufeinander bezogene Handlungsakte darstellen, ideengeschichtlich früher an, nämlich bei Homer und Thukydides: »Diesen früheren Auffassungen zufolge kann jede Handlung, die von einer Mehrzahl von Menschen ausgeführt wird, in zwei Phasen geteilt werden: den Anfang, den ein ›Führer‹ macht, und die Ausführung, an der sich viele beteiligen, um etwas, was dann ein gemeinsames Unternehmen wird, mit Erfolg abzuschließen. Worauf es in diesem Zusammenhang ankommt, ist die Einsicht, daß kein noch so starker Mensch jemals irgendein Gutes oder Schlechtes ausführen kann ohne die Hilfe anderer, die das Vorhaben verwirklichen. Was wir hier vor uns haben, ist die Vorstellung einer Egalität, bei der als ›Führer‹ derjenige gilt, der niemals mehr als nur der erste unter seinesgleichen ist, der nur als primus inter pares gilt. Diejenigen, die ihm zu gehorchen scheinen, unterstützen in Wirklichkeit ihn und sein Unternehmen. Ohne derartigen ›Gehorsam‹ wäre er hilflos, wohingegen im Kindergarten oder in der Sklaverei – also in den beiden Sphären, wo die Vorstellung von Gehorsam einen Sinn hatte und von wo sie dann auf politische Angelegenheiten übertragen wurde – das Kind oder der Sklave hilflos werden, wenn sie die ›Kooperation‹ verweigern.« (PV, 37)

In Arendts nicht-herrschaftlicher Konzeption von Politik sind Führen und Folgen aufeinander bezogene Handlungsakte, die unter der Bedingung von Egalität auf beiden Seiten an eine verantwortliche Entscheidung geknüpft sind. Unter dem Gesichtspunkt der Verantwortung korrespondiert der strikten Unterscheidung von Führen und Herrschen die Entgegensetzung von Folgen und Gehorchen. Die Bereitschaft zu folgen meint dann Zustimmung und stärker noch: umfassende verantwortliche Unterstützung eines nunmehr gemeinsamen Unternehmens. In dieser Perspektive ist das Anfangen zwar eine Qualität des Einzelnen, des Führers oder *archon*, der als »primus inter pares«, als »König unter Königen«, wie Arendt Homer zitierend schreibt (VA, 181), den Mut besitzt, sich initiativ in ein Unternehmen einzulassen. Aber diese »Freiheit der Spontaneität«, ohne die »alle politische Freiheit ihren besten und tiefsten Sinn verlöre« (WP, 50 f.), gewinnt ihre genuin politische Qualität gerade dadurch, dass die Vielen sich bereitfinden, die mutige Initiative des Einzelnen zu unterstützen.

Indem Arendt diesen älteren, explizit von einem platonisch-aristotelischen Herrschaftsbegriff unterschiedenen Traditionsstrang politischen Denkens aufgreift und mit einem bei Aristoteles angelegten kommunikativen Handlungsmodell verbindet, wird eine Konzeption politischer Führung entworfen, die den elitären Blick ›von oben‹ aufweitet. Im Unterschied zum Herrscher wird der politische Führer in eine egalitäre Beziehung zu den Vielen gebracht, die ihn unterstützen. Er ist nicht »für immer gleichsam festgefroren in der Position des Anfangenden und Anführenden, der er war, als er sich noch auf nichts verlassen konnte als auf die Kraft der eigenen Initiative, bevor er die Anderen gefunden hatte, mit denen zusammen er das Angefangene vollenden konnte. Aber die Kraft dessen, der die Initiative ergreift, welche in der Tat die Stärke des Starken ausmacht, kommt nur

Reihe »Zur Einführung«

A

Theodor W. Adorno
von Gerhard Schweppenhäuser
8. Aufl., 15,90 Euro [D]
ISBN 978-3-88506-671-2

Giorgio Agamben
von Eva Geulen
3. Aufl., 13,90 Euro [D]
ISBN 978-3-88506-670-5

Hans Albert
von Eric Hilgendorf
13,50 Euro [D]
ISBN 978-3-88506-943-0

Analytische Philosophie
von Albert Newen
3. Aufl., 15,90 Euro [D]
ISBN 978-3-88506-611-8

Anarchismus
von Daniel Loick
4. Aufl., 16,90 Euro [D]
ISBN 978-3-88506-768-9

Angewandte Ethik
von Urs Thurnherr
2. Aufl., 15,90 Euro [D]
ISBN 978-3-88506-322-3

Anthropozän
von Eva Horn und Hannes Bergthaller
3. Aufl., 16,90 Euro [D]
ISBN 978-3-96060-311-5

Antike und moderne Skepsis
von Markus Gabriel
3. Aufl., 14,90 Euro [D]
ISBN 978-3-88506-649-1

Antike politische Philosophie
von Walter Reese-Schäfer
3. Aufl., 16,90 Euro [D]
ISBN 978-3-88506-971-3

Theorien der Arbeit
von Alexandra Manske und Wolfgang Menz
17,90 Euro (D)
ISBN 978-3-96060-330-6

Architekturtheorie
von Jörg H. Gleiter
17,90 Euro [D]
ISBN 978-3-96060-324-5

Hannah Arendt
von Grit Straßenberger
4. Aufl., 15,90 Euro [D]
ISBN 978-3-88506-089-5

Argumentationstheorie
von Josef Kopperschmidt
3. Aufl., 13,90 Euro [D]
ISBN 978-3-88506-320-9

Aristoteles
von Christof Rapp
6. Aufl., 16,90 Euro [D]
ISBN 978-3-88506-690-3

Ästhetik
von Stefan Majetschak
5. Aufl., 14,90 Euro [D]
ISBN 978-3-88506-634-7

Ästhetische Bildung
von Iris Laner
2. Aufl., 16,90 Euro [D]
ISBN 978-3-96060-300-9

Augustinus
von Johann Kreuzer
2. Aufl., 13,90 Euro [D]
ISBN 978-3-88506-609-5

B

Michail Bachtin
von Sylvia Sasse
2. Aufl., 14,90 Euro [D]
ISBN 978-3-88506-659-0

Roland Barthes
von Ottmar Ette
2. Aufl., 13,90 Euro [D]
ISBN 978-3-88506-694-1

Georges Bataille
von Peter Wiechens
2. Aufl., 15,90 Euro (D)
ISBN 978-3-88506-907-2

Jean Baudrillard
von Falko Blask
4. Aufl., 13,90 Euro [D]
ISBN 978-3-88506-067-3

Begriffsgeschichte
von Ernst Müller und Falko Schmieder
15,90 Euro [D]
ISBN 978-3-96060-317-7

Walter Benjamin
von Sven Kramer
5. Aufl., 13,90 Euro [D]
ISBN 978-3-88506-683-5

Henri Bergson
von Gilles Deleuze
5. Aufl., 14,90 Euro [D]
ISBN 978-3-88506-336-0

Bildtheorie
von Wolfram Pichler und Ralph Ubl
4. Aufl., 16,90 Euro [D]
ISBN 978-3-88506-074-1

Bildungstheorien
von Markus Rieger-Ladich
2. Aufl., 14,90 Euro [D]
ISBN 978-3-96060-304-7

Biophilosophie
von Kristian Köchy
14,90 Euro [D]
ISBN 978-3-88506-650-7

Biopolitik
von Thomas Lemke
2. Aufl., 13,90 Euro [D]
ISBN 978-3-88506-635-4

in dieser Initiative und dem in ihr übernommenen Risiko zur Geltung, nicht in der tatsächlichen Leistung.« (VA, 181 f.) Diese Leistung nämlich ist das Resultat gemeinsamen politischen Handelns. Es ist daher anmaßend, so Arendt, wenn der Anführer den Erfolg des Unternehmens, der ohne das Mittun der Vielen nicht möglich gewesen wäre, für sich allein beansprucht. »In dieser monopolisierenden Anmaßung, in der es ein eigentliches Handeln gar nicht mehr gibt, weil weder der Befehlende noch die Vollstreckenden je wirklich handeln, entsteht dann das Trugbild, daß der Starke am mächtigsten allein sei.« (VA, 182) Und es entsteht das gewissermaßen paradoxe Bild von Politik als einer Kunst, die wie ein Handwerk zu erlernen und anzuwenden ist.

Dass Politik zwar eine Kunst, aber kein Handwerk ist, und darüber hinaus, dass es in der Politik zwar um Tugend, nicht aber um Moral geht, lernt Arendt von Niccolò Machiavelli. Dabei akzentuiert sie die oft vernachlässigte republikanische Dimension von Machiavellis politischem Denken, die dieser vor allem in den *Discorsi* entwickelt, während *Il Principe*, jenes Werk, das Machiavellis Ruf als Verfechter moralischer Skrupellosigkeit in der Politik wesentlich begründet hat, eine politische Handlungsanleitung für den fürstlichen Alleinherrscher bietet. In der dominanten »machiavellistischen« Rezeption von Machiavelli werden jedoch nicht nur die *Discorsi* ausgeblendet, sondern wird auch die stabilitätspolitische Pointe des *Principe* übersehen. Diese besteht nämlich darin, dass Machiavelli dem Fürsten, der ja in herausgehobener Position für das von ihm geführte Gemeinwesen verantwortlich ist, am Ende empfiehlt, die Alleinherrschaft in eine republikanische Ordnung zu überführen. Machiavelli verbindet damit die stabilitätspolitische Norm, dass nur solche Gemeinwesen langfristig stabil sind, in denen die Bürger aktiv an den Regierungsgeschäften teilhaben. Erst in der Praxis verantwortlicher Partizipation entwickeln die Bürger politische Tugenden wie Mut, Gemeinsinn und Liebe zu den Gesetzen, aber auch, wie Arendt im weiteren Rekurs auf Aristoteles, Montesquieu, Kant und Tocqueville ergänzt, politische Fähigkeiten wie Urteilskraft oder die Kompetenz zur verständigungsorientierten Austragung von Konflikten. »Für diese Tugenden gilt, dass sie, obgleich kein Besitz, sondern flüchtig, für die Stabilisierung des politischen Institutionensystems unerlässlich sind.«[62]

Arendt hat also vor allem den republikanischen Machiavelli im Blick, wenn sie ihn gegen den politik- wie populärwissenschaftlichen Mainstream als herausragenden Denker bezeichnet, zu dessen größten Leistungen es gehört, den öffentlichen Raum der Politik von moralischen Begriffen des Guten wie des Schlechten befreit und stattdessen die *virtù* ins Zentrum gestellt zu haben.[63] Wie Machiavelli ist Arendt der Auffassung, dass »weder der platonische Begriff des Tauglichen noch der christliche Begriff einer absoluten Güte, die nicht von dieser Welt ist«, in der Politik etwas zu suchen haben, ebenso wenig »wie ihr Gegenteil, das Untaugliche und die Schlechtigkeit« (WA, 197). Ihre Kritik an einer Moralisierung des Politischen richtet sich zuvorderst gegen die damit verbundene Beurteilung und häufig genug auch Verurteilung politischen Handelns anhand externer, moralphilosophischer Kriterien, die als universalistische Standards selbst jeder politischen Diskussion enthoben sind. Hinzu tritt Arendts Überzeugung, dass moralisch imprägnierte Gewissenentscheidungen im Kern unpolitisch sind, da sie der Einzelne nach Befragung mit sich selbst trifft und eben nicht im öffentlichen (Konflikt-)Gespräch mit Anderen.[64]

Dass Politik in der Austragung von Konflikten besteht und dass die dafür nötige Konfliktfähigkeit in der Praxis politischer Auseinandersetzungen ausgebildet wird, dass außerdem Mut dazugehört, sich in der Gefahr des Scheiterns öffentlich zu exponieren, diese Erkenntnis schreibt Arendt wesentlich Machiavelli zu. Zentral ist dabei Machiavellis Begriff der *virtù*, der von diesem allerdings in zweifacher Hinsicht verwendet wird: *Virtù* ist die politische Tugend der Bürger in einer wohlgeordneten Republik und sie ist eine spezifisch »politische Handlungskompetenz, die, von allen ethischen Vorgaben entbunden, nur dem Imperativ des politischen Erfolgs verpflichtet ist«[65]. Die *virtù* als spezifische Handlungskompetenz traut Machiavelli nur wenigen herausragenden politischen Führungsfiguren zu und sie kommt in Gestalt des *uomo virtuoso* auch nur in außergewöhnlichen Situationen, in schweren politischen Krisenzeiten ins Spiel, wie sie etwa verfallende oder durch Revolutionen erschütterte Staaten gewärtigen, in denen die alte Ordnung zerrüttet ist und eine neue erst gegründet werden muss.[66] Dieser *uomo virtuoso*, den Machiavelli im *Principe* für das Florenz in der Krise und mit Blick auf das zu errichtende einheitliche Italien empfiehlt, bezeichnet einen mit allen Vollmachten ausgestatteten souveränen Alleinherrscher, der ohne Skrupel mit harter Hand und unempfindlich gegenüber menschlichen Gefühlen, Interessen und Bedürfnissen das Gemeinwesen aus der Krise in die Stabilität führt.[67] – Wie kann Arendt, deren politisches Denken eine Fundamentalkritik an jeder Form herrschaftlicher und erst recht diktatorisch-gewalttätiger Politik darstellt, hier an Machiavelli anknüpfen?

Um den Florentiner Machtpolitiker und hochumstrittenen Autor der für Jahrhunderte auf den Index der verbotenen Bücher gesetzten Studie *Il Principe* zur herausragenden ideengeschichtlichen Referenz für ihr politisches Handlungskonzept zu erklären, in dem es auf Tatkraft, Stärke und das Ausnutzen von Chancen ankommt, das aber zugleich Gewalt normativ aus dem politischen Bereich ausschließt, hat Arendt einige größere Umdeutungen und auch Ausblendungen vorzunehmen. Auch dies, nämlich der selektive und punktuelle Rekurs auf die politische Ideengeschichte und die unorthodoxe Verknüpfung verschiedener Traditionsfragmente, gehört zu den Besonderheiten ihrer »Theorie eigener Art«. »Ich bediene mich, wo ich kann. Ich nehme, was ich kann und was mir paßt« – so hat Arendt selbst ihren Umgang mit der politischen Ideengeschichte bezeichnet.[68] Diese Freiheit des Denkens nimmt sich Arendt auch in ihrem Umgang mit Machiavelli. Im Hinblick auf die Rolle der Gewalt[69] setzt sie sich zwar von dem Begründer eines »dämonologischen Politikbegriffs« ab, wie Dolf Sternberger Machiavellis ideengeschichtliche Rolle etikettiert hat. Sie teilt aber keineswegs Sternbergers normativistische Abgrenzung der ›guten‹ aristotelischen »Politologik« von der ›schlechten‹ machiavellistischen »Dämonologik«.[70] In ihrem die kommunikative und die initiative Dimension verbindenden politischen Handlungsbegriff stellt Arendt vielmehr auf eine tugendethische Verknüpfung dieser durchaus konträren Politikauffassungen ab.

Arendt hebt zwei politische Kardinaltugenden hervor: einerseits die aristotelische Klugheit (*phronesis*) als die »größtmögliche Übersicht über die möglichen Standorte und Standpunkte, aus denen ein Sachverhalt gesehen und von denen her er beurteilt werden kann« (WP, 97), die dann von Kant als Vermögen der Urteilskraft revitalisiert und mit dem Begriff der »erweiterten Denkungsart« gefasst wurde (WP, 98), andererseits den Mut, sich persönlich mit einer politischen Initiative zu exponieren und auf das Wagnis einzulassen, etwas Neues zu beginnen, ohne sicher sein zu können, dass das Unternehmen erfolgreich beendet werden kann. Machiavelli wird für Arendt zum Wiederentdecker dieser heroischen Dimension politischen Handelns, wie sie in Homers Urteil »Mut ist: wie Achilles sein« exemplarisch tradiert ist (LGW, 462). Der tatkräftige Mann ist derjenige, der unter den Bedingungen von Kontingenz die sich bietende politische Gelegenheit erkennt und mutig »beim Schopfe fasst«. »›Virtù‹ ist nie ohne ›fortuna‹, und ›fortuna‹ gibt es nicht ohne ›virtù‹, wer ›fortuna‹ hat, dem spielt die Welt Bälle als Chancen zu, damit er sie auffange und mit ihnen jongliere; wer ›virtù‹ hat, dem hat sich die Welt in der ›fortuna‹ geöffnet und bietet ihm Chancen an.« (WA, 197 f.)

Nun hat Machiavelli seine *fortuna-virtù*-Vermittlung auf eine geschichtsphilosophische Basis gestellt, die Arendt nicht teilt. Machiavelli spricht der politischen Geschichte eine eigene innere Gesetzmäßigkeit zu, die zwar grundsätzlich nicht aufzuheben, aber zu gestalten ist. Diese Einsicht in die Notwendigkeit der Geschichte, die Machiavelli als *necessità* bezeichnet, ist bei dem Florentiner Denker mit Leitlinien für die praktische Beherrschung der Geschichte verbunden. Nur weil sich die Geschichte ständig wiederholt, die Menschen, wie Machiavelli schreibt, fast immer auf Wegen gehen, die bereits von Anderen begangen wurden, kann die Geschichte zur Lehrmeisterin politischen Handelns werden.[71] Die *necessità* taucht in Arendts handlungstheoretischer Rezeption von Machiavelli nicht auf. Dabei bestreitet Arendt keineswegs, dass Menschen aus der politischen Geschichte und Ideengeschichte lernen können, aber eine Gesetzmäßigkeit der Geschichte bestreitet sie vehement. Mit ihrem emphatischen politischen Handlungsbegriff, der auf die Hervorbringung von Neuem abstellt, sind Annahmen über historische Gesetzmäßigkeiten nicht vereinbar: seien diese im Sinne eines linearen (fortschrittsoptimistischen oder verfallstheoretischen) Prozesses gedacht oder einem zyklischen Geschichtsmodell verpflichtet, wie dies bei Machiavellis Modell von Aufstieg und Verfall politischer Gemeinwesen der Fall ist.[72] Damit wird freilich ein Kerngedanke von Machiavellis theoretischem und politischem Programm fallengelassen, nämlich die »Beherrschbarkeit der Geschichte durch Erkenntnis ihrer Gesetzmäßigkeit«[73].

Indem Arendt die *necessità* als determinierende historische »Sachzwänge« ausblendet, aber Machiavellis *virtù-fortuna*-Gegenüberstellung aufgreift, wird die Virtuosität politischen Handelns stärker betont. Sie kann nunmehr als »performative Kunstfertigkeit« gedeutet werden, deren Kreativität sich im politischen Handlungsakt selbst erweist: Machiavellis *virtù* gleicht »am ehesten dem, was wir Virtuosität nennen, jener Qualität, die nie bei den herstellenden, sondern nur bei den ausübenden Künsten zur Geltung kommt, bei denen die Leistung im Vollzug selbst liegt und nicht in einem die Tätigkeit überdauernden und von ihr unabhängig bestehenden Endprodukt« (FP, 206).

Die Kreativität politischen Handelns

Über die Reinterpretation von Machiavellis politischer Virtuosität als performativer Kunstfertigkeit grenzt Arendt ihre handlungstheoretische Konzeption von Politik noch einmal pointiert gegenüber teleologischen, Zweck-Mittel-Denken verhafteten Handlungsmodellen ab. Es ist ganz falsch, so Arendt, Politik als eine Kunst im Sinne der herstellenden Künste zu verstehen und den Staat für ein Kunstwerk zu halten. »Der Staat ist schon darum kein Kunstwerk, weil er in seiner Existenz niemals unabhängig wird von dem Handeln der Menschen, die ihn hervorgebracht haben.« (FP, 207) Mit dieser Abgrenzung zielt Arendt auf ein genuin politisches Verständnis von Kreativität. Entgegen der individualistischen Verkürzung auf den genialen Schöpfungsakt eines (politischen) Künstlers oder eines (kunstfertigen) Führers ist Kreativität »keine selbständige Form von Handeln [...], sondern [...] eine Qualität von Handeln«[74]. Kreativität ist etwas, das im Prozess politischen Handelns erst freigesetzt wird und dessen Resultate daher nur sehr bedingt antizipierbar sind.

Hier wird noch einmal deutlich, dass Arendt über die handlungstheoretisch begründete Entgegensetzung von Freiheit und

Souveränität, Macht und Gewalt sowie Führung und Herrschaft normativ auf eine politische Ordnung abstellt, die kreatives Handeln institutionell befördert. Das Verständnis von Politik als virtuoses Handeln unterschiedlicher Akteure, das der souveränen Realisierung einer Idee oder einer politischen Initiative gerade entgegengesetzt ist, macht nämlich nur Sinn, wenn das produktive Vermögen machtvollen politischen Handelns, etwas Neues zu beginnen, nicht auf Einzelne oder eine kleine Gruppe herausragender Personen beschränkt bleibt. Arendt verbindet mit dieser Überzeugung das stabilitätspolitische Argument, ein staatlich-politisches Gemeinwesen könne nur dann dauerhaft stabil sein, wenn neben der besonderen Führungsverantwortung politischer Eliten auch der Bürgerschaft zugetraut und zugemutet wird, einen gehaltvollen Beitrag zum Gelingen des gemeinsamen politischen Projekts zu leisten. Damit formuliert Arendt zugleich einen hohen Anspruch an die Bürger, die nicht nur das Recht auf politische Teilhabe besitzen, sondern die durch dieses Recht auch die staatsbürgerliche Pflicht eingehen, sich aktiv in den politischen Meinungsbildungs- und Entscheidungsprozess einzubringen. Tun die Bürger dies nicht, ist die republikanische Demokratie, die Arendt handlungstheoretisch begründet sowie tugendethisch fundiert und normativ präferiert, nicht zu realisieren.

Die normative Präferenz für eine republikanisch verfasste – und nicht radikaldemokratisch verstandene – Demokratie verbindet Arendt durchaus mit institutionentheoretischen Überlegungen, wie eine gute politische Ordnung verfasst sein sollte. Dennoch bleibt Politik für Arendt ein in seinem Ausgang offenes und daher risikobehaftetes Unternehmen. Zwar wird diese Offenheit über konkrete politische Entscheidungen temporär immer wieder geschlossen – und zu diesen politischen Entscheidungen gehört in besonderer Weise auch die im Versprechen vollzogene Festlegung auf eine verbindliche, wechselnden demokratischen

Einsprüchen entzogene Verfassung des politischen Gemeinwesens. Aber wenn der Sinn von Politik Freiheit ist und politische Freiheit in der Fähigkeit besteht, etwas Neues anfangen zu können, dann muss eine freiheitlich-politische Ordnung diese Chancen auf einen kreativen Neubeginn auch eröffnen. Die politische Herausforderung besteht mithin darin, einen institutionellen Rahmen zu schaffen beziehungsweise zu erhalten, der eine solche durchaus anspruchsvolle Ausbalancierung zwischen Offenheit und Geschlossenheit, zwischen machtvollem initiativen Handeln und seiner Begrenzung bietet.

3. Die republikanische Demokratie: Konturen der guten politischen Ordnung

Die Demokratie gehörte für Arendt nicht zu den guten Verfassungstypen. Ihr Vorbehalt beschränkte sich dabei keineswegs auf die Demokratie als Staatsform, sondern galt der demokratischen Massengesellschaft in ihrer politischen, gesellschaftlichen wie kulturellen Verfasstheit. Laut *Elemente und Ursprünge totaler Herrschaft* liefert die konformistische Massengesellschaft, mit dem Mob als ihrem Abfallprodukt, den Nährboden für die Entstehung totalitärer Systeme. In *Vita activa* erzählt Arendt eine Verfallsgeschichte des öffentlich-politischen Raums. Danach besaß im Leben der Antike das öffentlich-politische Handeln »eine ungleich höhere Dignität und für das Leben der Menschen höhere Relevanz [...] als zu irgendeiner späteren Zeit« (KP, 282). So wird eine Genealogie der Krise der Moderne entworfen, die ausgehend von der normativen Auszeichnung des Handelns in der Kritik an der modernen Arbeits- und Konsumgesellschaft kulminiert: Dieser Gesellschaft sei der Sinn von politischem Handeln ebenso abhandengekommen wie der für Kultur. In *Über die Revolution* schließlich weitet Arendt diese Kritik aus und plädiert dafür, soziale Fragen aus dem politischen Bereich auszuschließen. Aus ihrer Sicht stehen moderne demokratische Ordnungen immer in der Gefahr, in despotische Wohlfahrtsstaaten zu degenerieren. Arendt sieht im Wohlfahrtsstaat eine Entgrenzung demokratischer Politik und deren Ausdehnung auf Bereiche, die dem staatlichen Zugriff entzogen sein sollten. Diese illiberale Politisierung des privaten und des gesellschaftlichen Bereichs befördere zum einen die Erosion der präpolitischen Bedingungen des Politischen, nämlich die Entstehung von menschlicher Individualität und gesellschaftlicher Pluralität. Zum anderen gefährde die Politisierung sozialer Fragen die Konfliktbearbeitungskompetenz der republikanischen Ordnung.

Trotz des grundsätzlichen Vorbehalts gegen die Demokratie und der immer wieder aufgezeigten Selbstgefährdungen demokratischer Ordnungen redet Arendt keineswegs einer Elitenherrschaft das Wort. So kritisiert sie die repräsentative Demokratie gerade dafür, dass sich die politische Freiheit der Bürger auf die turnusmäßige Wahl von Berufspolitikern beschränkt: Wirkliche Meinungsbildung, also die Qualifizierung des eigenen Urteils angesichts differenter Perspektiven, kann in der Zelle, in der wir unseren Stimmzettel abgeben, nicht stattfinden, »denn in dieser Zelle ist nur Platz für einen« (AIR, 132). Dieser von Arendt mehrfach und häufig auch polemisch vorgebrachte Einspruch gegen die repräsentative Eliten-Demokratie, in der die Politik von den Wenigen gemacht wird, während die Vielen auf die weitgehend passive Rolle einer nur auswählenden Wählerschaft reduziert werden, ließe sich auch als Plädoyer für eine »Mitbestimmungsdemokratie« verstehen (MG, 82).

Hat Arendt also eine Demokratietheorie entwickelt, die dieses heutzutage als Ausweis politiktheoretischer Anschlussfähigkeit geltende Etikett verdient, oder wird sie von Manfred G. Schmidt zu Recht aus dem großen Kreis der Demokratietheoretiker ausgeschlossen, zu dem ja durchaus auch politische Denker gerechnet werden, die der demokratischen Regierungsform skeptisch gegenüberstanden – wie nicht zuletzt Aristoteles, mit dessen »Lehre der Staatsverfassungen« Schmidt seine Einführung in die Demokratietheorien beginnt?

In mindestens dreifacher Hinsicht passt Arendt nicht in das gängige demokratietheoretische Raster. Erstens liegt ihr republikanisches Verständnis von Politik quer zu der großen Unterscheidung zwischen elitenzentrierten und beteiligungszentrierten Ansätzen, und zwar nicht nur deshalb, weil ihr Politikbegriff weder »schlank« noch »expansionistisch« ist,[75] sondern weil Arendt explizit eine hierarchisch-elitäre Dimension in die horizontal-egalitäre Verfasstheit demokratischer Politik einzieht. Zweitens greift in Arendts Fall auch die von Schmidt vorgeschlagene Binnendifferenzierung nicht, zwischen einer partizipativen, die Beteiligung an Entscheidungen expandierenden »starken Demokratie« (Benjamin Barber) und deliberativen Demokratiemodellen zu unterscheiden, die auf die kognitive Schulung der Bürger und die integrative Leistung öffentlicher Kommunikation abstellen.[76] Arendt plädiert zwar für eine Ausweitung und Intensivierung politischer Partizipation, redet aber keineswegs einer Radikaldemokratisierung das Wort. Sie verbindet vielmehr den Ausbau subsidiärer Entscheidungsstrukturen mit der Etablierung einer öffentlichen Streitkultur, die sich jedoch nicht am hohen Kriterium der Vernünftigkeit orientiert, sondern am leidenschaftlichen Austragen differenter Standpunkte über kontroverse Fragen von öffentlichem Interesse. Drittens schließlich ist in Arendts handlungstheoretische Grundlegung von Politik eine Konzeption politischer Führung eingelassen, die die herrschaftliche Perspektive »von oben« umkehrt und ein anspruchsvolles Verständnis von Bürgerschaft ins Zentrum stellt.

Arendts republikanisches Konzept von Politik ist gleichwohl auf die Beantwortung der demokratietheoretischen Kernfrage gerichtet, wie politische Freiheit unter Bedingungen demokratischer Gleichheit institutionell auf Dauer gestellt werden kann. Ihre Antwort, die hier als ›republikanische Demokratie‹ bezeichnet wird, nimmt vier Kerncharakteristika republikanischen Denkens[77] auf: erstens die zentrale Funktion der Öffentlichkeit als ausgezeichnetem Ort demokratischer Deliberation und politischer Entscheidungsfindung sowie zweitens, damit verbunden, die Rolle sinnstiftender Narrationen für politische Identität, drittens den hohen tugendethischen Anspruch an die Kompetenz der Bürger und viertens die stabilitätspolitische Norm, dass in der öffentlich sichtbaren Austragung politischer Konflikte die pluralistisch und freiheitlich verfasste republikanische Ordnung auf Dauer gestellt werden kann.

Die dramaturgische Konzeption des öffentlich-politischen Raums

Arendt entwickelt ihre Konzeption des öffentlich-politischen Raums auf der Grundlage von zwei komplementären Unterscheidungen: zwischen Privatheit und Öffentlichkeit sowie zwischen den menschlichen Tätigkeiten Handeln, Herstellen und Arbeiten. In ihrer strikten Unterscheidung zwischen Privatheit und Öffentlichkeit greift Arendt wieder auf Aristoteles' Reflexion der griechischen Polisverfassung zurück. Danach gehörte jeder Polis-Bürger »zwei Seinsordnungen« zu, nämlich dem, was er sein Eigen nannte und was vor jedem öffentlich-politischen Zugriff geschützt war, und dem, was gemeinsam war, also öffentlich besprochen und entschieden wurde (VA, 28). Während die private »Sphäre des Haushalts« wesentlich dadurch gekennzeichnet war, »daß das Zusammenleben in ihr vornehmlich von den menschlichen Bedürfnissen und Lebensnotwendigkeiten diktiert war«, war der öffentliche Raum der Polis das »Reich der Freiheit«. Der Bezug zwischen diesen beiden Bereichen bestand darin, »daß die Beherrschung der Lebensnotwendigkeiten innerhalb eines Haushaltes die Bedingungen für die Freiheit in der Polis bereitstellte« (VA, 32 f.).

Dieser Bezug ist freilich von entscheidender Bedeutung. Denn die Unfreiheit aller Bewohner im privaten Raum, also der untergeordneten Frauen, Kinder und Sklaven ebenso wie des ihnen übergeordneten Hausherren, wird bei Aristoteles nicht nur der Freiheit unter Gleichen im öffentlich-politischen Bereich der Polis gegenübergestellt. Die Ungleichheit im *oikos* wird vielmehr zur Voraussetzung dafür, dass der »Hausherr« (*despotes*) befreit von den materiellen Lebensnotwendigkeiten als freier und gleicher Bürger unter und mit seinesgleichen die gemeinsamen Angelegenheiten besprechen und entscheiden konnte. Auf dieser im privaten Bereich lokalisierten und dem politischen Zugriff entzogenen Ungleichheit und Unfreiheit beruhte die politische Gleichheit und Freiheit der Bürger im öffentlichen Bereich der Polis. Arendt leitet daraus für ihre Konzeption des öffentlich-politischen Raums zwar keineswegs ab, dass Politik eine Sache weniger ›weißer Männer‹ ist, die dank der fremdbestimmten Arbeit der vielen Anderen sich den politischen Angelegenheiten zuwenden können, aber sie hält doch die an der antiken Unterscheidung orientierte Vorstellung aufrecht, dass Politik weder in den privaten Bereich eingreifen noch sich mit Fragen sozialer Wohlfahrt beschäftigen sollte.

Diese auch als liberal zu bezeichnende Auffassung, privat und politisch zu unterscheiden sowie die sogenannte Lösung der »sozialen Frage« aus dem engeren Bereich öffentlich-politischen Handelns auszulagern, um die Privatsphäre der Bürger vor staatlich-politischem Zugriff zu schützen und das politische Handeln von externen Zwecksetzungen zu befreien, hat Arendt in ihrem 1958 publizierten Buch *The human condition*, das 1960 unter dem Titel *Vita activa oder Vom tätigen Leben* in deutscher Übersetzung erschien, mit einer phänomenologischen Unterscheidung zwischen Handeln, Herstellen und Arbeiten verknüpft.

Unter dem Begriff der *vita activa* fasst Arendt drei menschliche Tätigkeiten, die sie anhand ihrer Dauer und ihres Zwecks sowie der mit ihnen korrespondierenden Grunderfahrungen unterscheidet (VA, 14 ff.). Der Arbeit entsprechen natürliche Erfahrungen von Leiblichkeit. Sie wird als eine Tätigkeit definiert, die der biologische Prozess des menschlichen Lebens selbst erzwingt. Unabhängig von sozialen oder politischen Bedingungen sichert sie das Weiterleben des Individuums wie der Gattung. Aus dieser Sicht ist Arbeit nicht eigentlich »weltbildend«, weil die Dinge, die durch sie hervorgebracht werden, wie Nahrung oder andere Konsumgüter, sofort wieder in die Lebenserhaltung einfließen. Demgegenüber werden dem Herstellen instrumentelle Erfahrungen der Weltlichkeit zugeordnet. Durch das Herstellen entstehen Produkte, deren Nutzen über das bloß Lebensdienliche hinausgeht. Im ewig währenden Kreislauf der Natur, die entsteht, vergeht und wiederkehrt, verleiht der *homo faber* der Welt dauerhafte Dinglichkeit. Durch die Gegenstände, die er herstellt, errichtet er eine zweite Welt neben der natürlichen: Häuser, Gärten, Städte, Eisenbahnen, Wohnungen. Der Zweck dieser Tätigkeit liegt in der produzierten Sache, die für etwas Konkretes gebraucht wird und daher auch dem Verschleiß ausgesetzt ist. Insofern sind die Produkte des Herstellens nur von einer begrenzten Dauerhaftigkeit. Eine Ausnahme bildet allein das Kunstwerk, das, weil es der Verwertung weitgehend entzogen ist, am dauerhaftesten ist.[78] Mit dem Handeln als dritter Art menschlicher Tätigkeiten schließlich korrespondieren Erfahrungen der Pluralität. Es spielt sich direkt zwischen Menschen ab und hat keine konkreten, gegenständlichen Ergebnisse. Ist der immer flüchtige Moment der Interaktion vorüber, bleibt nichts als die Erinnerung daran, die schnell verblasst, wenn sie nicht tradiert wird.

Die dem Handeln inhärente Vergänglichkeit hängt für Arendt aufs Engste damit zusammen, dass dieses keinen Zweck verfolgt, oder mit Aristoteles gesprochen: dass der Zweck dieser Tätigkeit das Tun selbst ist. In der *Nikomachischen Ethik* heißt es dementsprechend: »Denn jeder Hervorbringende tut dies zu einem bestimmten Zwecke, und sein Werk ist nicht Zweck an sich, sondern für etwas und von etwas. Das Handeln dagegen ist Zweck an sich. Denn das rechte Verhalten ist ein Ziel, und das Streben geht darauf.«[79] Im Anschluss an Aristoteles zeichnet Arendt Sprechen und Handeln als jene Tätigkeiten aus, in deren Vollzug Menschen jenseits zwingender Lebensnotwendigkeit und jedweder Zweck-Mittel-Dimension ihr Lebendigsein erfahren. Die Besonderheit des Handelns, das weder notwendig ist wie das Arbeiten noch in seinen Resultaten berechenbar wie das Herstellen, liegt in seiner Fragilität. Es bedarf eines geschützten Bereichs, der überhaupt erst die Möglichkeit von Erfahrungen der Pluralität eröffnet. Dieser geschützte Raum, der durch das Handeln erst konstituiert wird und zugleich Bedingung des Handelns ist, bildet den ausgezeichneten Ort für das, was Arendt die genuin politische Erfahrung nennt: das Beginnen von Neuem als ein kreatives *acting in concert*.

Mit der normativen Betonung des *acting in concert* als ausgezeichnete menschliche Erfahrung verknüpft Arendt anthropologisch-existenzialphilosophische Motive mit einer dramaturgischen Konzeption des öffentlichen Raums.[80] Danach erfährt der Mensch als einzigartiges Wesen seine individuelle Besonderheit erst in kommunikativer Unterscheidung von Anderen, ja erst in der öffentlichen Inszenierung vor und in der Interaktion mit dem Publikum. Emphatisch akzentuiert Arendt die expressive Seite politischen Handelns, wenn sie unter direkter Bezugnahme auf Aristoteles schreibt, dass der Zweck des Handelns die Enthüllung dessen sei, wer man ist. Ein Leben außerhalb dieser öffentlichen »Bühne« ist zwar möglich und darüber hinaus die gängige Praxis, wie Arendt bemerkt. Diesem Leben aber fehlt das Wirklichkeitsgefühl, »das dem Menschen nur dort entsteht, wo die Wirklichkeit durch die Gegenwart einer Mitwelt garantiert ist, in der eine und dieselbe Welt in den verschiedensten Perspektiven erscheint. Denn nur ›was allen glaub- und meinungswürdig erscheint, nennen wir sein‹ [...] und was immer sein mag, ohne sich in solchem Erscheinen für alle zur Geltung zu bringen, kommt und geht wie ein Traum« (VA: 192 f.).

Die Betonung der expressiven Seite politischen Handelns verweist zugleich auch auf die agonale Dimension des öffentlichen Raums. Er wird zur Bühne, auf der sich die politisch Freien und Gleichen aneinander messen, sich in ihrer Differenz erfahren und darin selbst verwirklichen. Er wird zu jenem Ort, der sterblichen Menschen Dauerhaftigkeit und Stabilität und auf diese Weise letztlich so etwas wie Unsterblichkeit sichert. Der öffentlich-politische Raum ist jedoch nicht nur ein Erscheinungsraum, in dem Menschen handelnd und sprechend offenbaren, »wer sie sind« (VA, 169), sondern zugleich der »Zwischenraum, in dem Menschen sich bewegen und ihren jeweiligen, objektiv-weltlichen Interessen nachgehen«. Mit »Interessen« meint Arendt im ursprünglichen Wortsinne »inter-est«: das, »was dazwischen liegt und die Bezüge herstellt, die Menschen miteinander verbinden und zugleich von einander scheiden« (VA, 173). Der öffentlich-politische Raum hat hier die Qualität, ein gemeinsamer Raum, ein Versammlungsort zu sein. Die Bürger kommen zusammen, um gemeinsam über die öffentlichen Angelegenheiten zu beraten und über die zukünftige Gestaltung des politischen Gemeinwesens zu entscheiden. Erst in der doppelten Qualität als expressiv-agonaler und als kommunikativ-assoziativer Raum wird die politische Öffentlichkeit zum ausgezeichneten Ort der Freiheit, die eben darin besteht, handelnd einen neuen Anfang zu machen.

Der politische Vorgang, der der menschlichen Grundfähigkeit des Anfangen-Könnens entspricht, ist das initiative Anstoßen von etwas Neuem. Dieses Initiieren, das vom Einzelnen ausgeht, bleibt aber direkt an die kommunikative Verarbeitung durch das Publikum gekoppelt: In Arendts dramaturgischem Handlungsmodell ist das Publikum kein passiver Background für eine mit sich selbst beschäftigte republikanische Elite, vielmehr entscheidet es, ob, wie und unter welchen Bedingungen ein Vorschlag realisiert wird. Kreativität als produktives Vermögen, etwas Neues zu denken, bleibt damit nicht auf Einzelne oder eine kleine Gruppe herausragender Personen beschränkt. Auch dem Publikum wird die Fähigkeit zu einem kreativen Urteil zugesprochen. Es ist nicht bloße Kulisse wie in einer »Zuschauer-Demokratie«, sondern wird als aktive Größe begriffen. Der Unterschied zwischen der Kreativität als subjektivem Vermögen Einzelner und der des Publikums liegt darin, dass Erstere, also die einzelnen Initiatoren, in weitaus stärkerem Maße die möglichen Perspektiven auf ihren Vorschlag antizipieren und in die Art und Weise seiner Präsentation einfließen lassen, während sich die Kreativität des Publikums im kommunikativen Prozess der Diskussion und Reinterpretation der politischen Entwürfe selbst entfaltet.

Die dramaturgische Qualität von Arendts Öffentlichkeitskonzept kommt vor allem in der konstitutiven Rolle des Publikums zur Geltung. Zum Publikum gehören nämlich grundsätzlich alle: Politiker und politische Aktivisten, die sich wechselseitig Publikum sind, wie die Bürger, um deren Aufmerksamkeit die Protagonisten politischer Vorschläge konkurrieren, und schließlich eine davon zu unterscheidende Gruppe von Beobachtern oder Kritikern, die als Zuschauer das Handlungsgeschehen kommentieren, bewerten, interpretieren und erinnern. Zum Vorbild für dieses Öffentlichkeitsmodell, das zwischen mindestens zwei Sprechern, dem Bürger Publikum und dem kommentierenden »Chor«

der Beobachter unterscheidet, wird das griechische Theater, das seinerseits jedoch, wie Arendt bemerkt, nur »die Bühne der Welt nach[ahmt]« (VA, 179).

Der für ihre politische Theorie zentrale Terminus ›Welt‹ wird von Arendt durchaus mehrdeutig verwendet. Im Hinblick auf die dramaturgische Konzeption des öffentlich-politischen Raums ist damit die politisch-kulturelle Verfasstheit menschlichen Zusammenlebens gemeint, was Arendt auch als »Bezugsgewebe« bezeichnet: »Der Bereich, in dem die menschlichen Angelegenheiten vor sich gehen, besteht in einem Bezugssystem, das sich überall bildet, wo Menschen zusammenleben.« (VA, 174) Dieses Bezugsgewebe geht jedem einzelnen Handeln und Sprechen voraus, das heißt, obgleich der Mensch durch sein schieres Geborensein einen Neuanfang darstellt, der durch Sprechen enthüllt wird, schlägt jede Handlung einen »neuen Faden« in ein »bereits vorgewebtes Muster«. Jegliches Handeln in seiner initiativen wie vollbringenden Dimension geschieht vor dem Hintergrund einer bereits auf eine bestimmte Weise – nämlich durch die institutionellen »Produkte« menschlichen Handelns wie deren narrative Tradierung – vorstrukturierten Welt.

Während der politischen Handlungstheorie zufolge die Unabsehbarkeit der Folgen eines Tuns dadurch zustande kommt, dass Handeln prinzipiell als *acting in concert* gefasst wird, das eine sichere Antizipation der von den Einzelnen intendierten Ergebnisse unmöglich macht, verweist das Bild des Bezugsgewebes zugleich auch auf den Bereich dessen, was vorheriges Handeln hervorbrachte. Diese Resultate manifestieren sich sowohl in politischen Institutionen als auch in gegenständlicher Form als kulturelle Artefakte unterschiedlicher Art. Zu diesen zählen sowohl die Architektur von Städten, Gebäuden und öffentlichen Plätzen als auch politische Texte, Geschichten und Mythen. Die kulturellen Artefakte, und insbesondere die Narrationen, sind für

Arendt so etwas wie Erinnerungsspeicher, in denen menschliche Geschichte aufgehoben ist und durch die in einem ideell-konstitutiven Sinne politisches Handeln prädisponiert wird. Das politische Handeln bleibt damit neben der institutionellen Verfasstheit politischer Gemeinwesen in starkem Maße auf den kulturellen Verstehenshorizont verwiesen, innerhalb dessen Menschen ihre Gestaltungsmöglichkeiten einschätzen, Handlungsoptionen abwägen und Pläne ent- oder verwerfen.

Diesem hermeneutisch-performativen Verständnis politischer Praxis[81] zufolge ist es keineswegs bedeutungslos, wie und in welcher Absicht vergangenes und gegenwärtiges Tun narrativ tradiert oder auch dem Vergessen ausgeliefert wird. Seyla Benhabib schreibt dazu: »Handlungen leben anders als Dinge und natürliche Objekte nur in der Erzählung jener, die sie vollziehen, und in der Erzählung jener, die sie verstehen, interpretieren und erinnern. Diese narrative Struktur bestimmt auch die Identität des Selbst. [...] Die Erzählstruktur der Handlung und der menschlichen Identität bedeutet, daß das kontinuierliche Wiedererzählen der Vergangenheit, ihre kontinuierliche Reintegration in die Geschichte der Gegenwart, ihre kontinuierliche Neubewertung, Bestätigung und Rekonfiguration ontologische Bedingungen dafür darstellen, welche Art Wesen wir sind.«[82]

Die narrative Dimension politischen Handelns unterstreicht die besondere Rolle, die Arendt der dritten Gruppe in ihrem dramaturgischen Öffentlichkeitskonzept, den Beobachtern, zuweist. Während die erste Gruppe jene politischen Akteure umfasst, die sich als Einzelne mit konkreten Initiativen öffentlich exponieren und miteinander konkurrieren, und die zweite Gruppe das für diese politischen Projekte zu interessierende und zu überzeugende Bürger-Publikum darstellt – wobei Arendt grundsätzlich davon ausgeht, dass Eliten- und Publikumsrollen nicht fix, sondern Rollenwechsel immer möglich sind –, gehören zur dritten Gruppe der nicht direkt politisch beteiligten Beobachter Historiker, politische Theoretiker und Geschichtenerzähler. Deren Funktion besteht darin, das immer vergängliche, weil an das aktive Tun sterblicher Menschen gebundene politische Handeln zu erinnern.

Arendt stellt dem institutionalisierten Raum öffentlich-politischen Handelns, der egalitär und pluralistisch verfasst ist und in dem die Bürger als Freie und Gleiche ihre differenten Standpunkte im friedlichen Wettbewerb untereinander austragen und über die Beratung alternativer Vorschläge zu politischen Entscheidungen gelangen, einen narrativen Erinnerungsraum zur Seite. Das dramaturgische Öffentlichkeitskonzept umfasst demnach drei Dimensionen: die agonal-expressive Dimension der öffentlich sichtbaren Darstellung von Differenz, die kommunikativ-assoziative Dimension der gemeinsamen Beratung und Entscheidung und die narrativ-mnemotische Dimension der Erinnerung und Tradierung politischen Handelns.

Die mnemotische Dimension der Öffentlichkeit, verstanden als ein narrativ hergestellter Erscheinungsraum des Politischen, konzipiert Arendt im Rekurs auf die homerischen Epen. Es ist die von Homer in den – beziehungsweise durch die – *Epen* geschaffene dichterische Öffentlichkeit, die für Arendt zum exemplarischen Beispiel dafür wird, dass das politische Handeln – und zwar im Handlungsakt selbst wie in seinen institutionellen Resultaten – in Vergessenheit geraten würde, gäbe es nicht die Berichterstatter, die, indem sie dieses Handeln erinnern, politischen Taten und Tätern Unsterblichkeit verleihen und damit zugleich der Nachwelt ein Beispiel geben, was Politik ist und vermag: »Homer also singt den jahrhundertelang zurückliegenden Vernichtungskrieg so, daß er in gewissem Sinne, nämlich im Sinne der dichterischen und historischen Erinnerung, die Vernichtung gerade wieder rückgängig macht. Die Unparteiischkeit Homers [...] [ist] keine Objektivität im Sinne der modernen Wertfreiheit, wohl aber im Sinne der vollkommensten Freiheit von Interessen und der vollkommensten Unabhängigkeit vom Urteil der Geschichte [...], der gegenüber sie auf dem Urteilen des handelnden Menschen und seinem Begriff von Größe besteht« (WP, 92).

In der homerischen Tradition der Berichterstattung, wie Arendt sie interpretiert, wird an politische Erfahrungen erinnert, die ohne diese narrative Erinnerungsleistung nicht zum Bezugsrahmen politischen Handelns gehören würden. Die institutionalisierte Macht der Polis ist Arendt zufolge nicht so groß, dass die Monumente ihres Ruhmes direkt aus dem politischen Handeln der beteiligten Akteure selbst erwachsen würden. Was wüssten wir von Perikles und seinem berühmt gewordenen Einspruch gegen die Dichter und Künstler, die Athener Polis-Verfassung könne auf sie verzichten, hätte es nicht Thukydides gegeben, der in seiner Geschichte *Der Peloponnesische Krieg* an diesen großen politischen Führer und Strategen Athens erinnert? »Ohne die Schönheit der Kulturdinge, ohne die leuchtende Herrlichkeit, in welcher sich politisch gesprochen Dauer und potentielle Unvergänglichkeit der Welt manifestieren, bleibt alles Politische ohne Bestand.« (KP, 302) Aus der Perspektive von Dauerhaftigkeit oder Unsterblichkeit bleibt Politik an ihre künstlerische Vergegenständlichung und ihre begrifflich-konzeptionelle Reflexion durch die Dichter, Künstler und Historiker gebunden. In dem Bild des Politischen, an welches der Dichter Homer und die politische Theoretikerin Arendt erinnern, wird eine Idee von Politik ausgezeichnet, die in der normativen Reflexion politischer Erfahrungen Maßstäbe für gegenwärtiges politisches Handeln generiert. Der Dichter respektive die politische Theoretikerin treten diesem Modell zufolge nicht selbst als aktive Protagonisten im öffentlichen Raum auf, es sind vielmehr ihre narrativen

›Produkte‹, die in der Öffentlichkeit erscheinen und die in gesellschaftlichen Selbstverständigungsdiskursen relevant werden sollen.

Der performative Ansatz, über die narrative Wiedererinnerung vergessener politischer Erfahrungen und die daraus entwickelten Deutungskategorien soziale und politische Wirklichkeit mit zu konstituieren, leitet auch Arendts Suche nach den wenigen »Glücksfällen in der Geschichte«, in denen Politik nicht als Herrschen und Gehorchen begriffen oder als notwendiges Übel betrachtet wurde. Solche Glücksfälle findet die politische Theoretikerin und Erzählerin Arendt in der griechischen Antike ebenso wie in der republikanischen Mischverfassung des alten Rom und darüber hinaus in der Moderne in den Revolutionen des 18. und den revolutionären Rätebewegungen des 20. Jahrhunderts. Das Werk, das die moderne Wiederbelebung politischer Handlungsfreiheit in ihrer institutionellen wie tugendethischen Verfasstheit am US-amerikanischen Beispiel zentral zum Thema macht, ist *Über die Revolution*.

Die politische Freiheit des Gründungsakts

Arendt sah im revolutionären Gründungshandeln jene seltenen »Glücksfälle der Geschichte«, in denen die Freiheit politischen Handelns in reinster Form zutage tritt. Geradezu emphatisch hat sie den amerikanischen Revolutionären attestiert, einen Prozess der Verfassungsgebung initiiert zu haben, der sich am hohen Maßstab politischer Freiheit orientierte. Vielen und vor allem links-intellektuellen Lesern war diese Laudatio auf die amerikanische Gründungsgeschichte suspekt. Bernhard Crick von der Universität London etwa, der Arendt für »den originellsten Kopf im modernen politischen Denken« hielt, »gab nicht nur zu, daß er über Arendts Bewunderung der Gründerväter verblüfft war, sondern bot auch eine Erklärung dafür an, warum die Deutschamerikanerin Arendt den amerikanischen Gründervätern ihre Reverenz erwies: ›Jeder Deutschamerikaner tut es irgendwann einmal aus Dankbarkeit‹.«[83] Wie die Arendt-Biographin Elisabeth Young-Bruehl mit Verweis auf Crick pointiert, war *Über die Revolution* gewiss auch eine Geste der Dankbarkeit der Neubürgerin Arendt an das Land, das ihr nach 14 Jahren Staatenlosigkeit eine sichere politische Zugehörigkeit garantierte. Im Grunde aber handele es sich bei ihrem heroischen Porträt der Gründerväter um eine politische Fabel.[84]

Ausdrücklich würdigt Arendt die Leistung der Gründerväter der amerikanischen Republik, der sogenannten »Federalists« John Hamilton, James Madison und John Jay, dafür, dass ihr ausgewogener, Stabilität und Dynamik vermittelnder Verfassungsentwurf für alles Institutionen gefunden habe: für die direkte Vermittlung von politischem Führer und Volk das Amt des plebiszitär gewählten Präsidenten, für die gleichberechtigte Vertretung der einzelnen Bundesstaaten auf der Ebene des Zentralstaates den Senat, für die proportionale Repräsentation der Bevölkerung das Repräsentantenhaus und für den Schutz der Verfassung schließlich die Autorität des Obersten Gerichtshofes, dessen auf Lebenszeit berufenen Richtern es obliegt, unabhängig von wechselnden demokratischen Mehrheiten zu entscheiden, welche Ergänzungen der Verfassung notwendig sind, ohne ihren Rahmen zu sprengen. In dieser horizontalen Machtteilung zwischen Präsident, Repräsentantenhaus und Senat, in denen jeweils auf unterschiedliche Weise und über differente Bestellungsmodi die Macht des Volkes repräsentiert ist, und in der davon noch einmal unterschiedenen Autorität des Obersten Gerichthofs, dem gerade keine Macht, wohl aber Autorität zukommt, insofern die Richter nicht initiativ, sondern reaktiv tätig werden, erkennt Arendt eine die republikanische Demokratie stabilisierende Macht-Autorität-Differenzierung. Hinzu tritt die vertikale Machtteilung des amerikanischen Systems der *checks and balances*. Die republikanische Idee, dass eine Teilung der Macht mehr Macht hervorbringt und dass über die weitgehende Autonomie der Einzelstaaten der Gefahr einer »Tyrannei der Mehrheit« (Alexis de Tocqueville) wirksam begegnet werden kann, sieht Arendt in der Verfassung der US-amerikanischen Demokratie realisiert.

Die Frage, die Arendt nun mit Blick auf diese Errungenschaften ihrem zeitgenössischen Publikum stellte, war: Was ist geblieben von der großen Revolution, von dem »öffentlichen Glück«, der »öffentlichen Freiheit«, von dem »öffentlichen Geist«, der die Revolutionäre inspiriert hatte? Von der Erfahrung öffentlicher Freiheit ist in Amerika, so Arendts ernüchtertes Urteil, »kaum mehr geblieben als ein waches Bewußtsein für die Sicherung der Grundrechte, die Sorge um das private Wohlergehen der größten Zahl, das Wissen um die ungeheure Macht der öffentlichen Meinung in einer egalitären, demokratischen Gesellschaft und die Fähigkeit, sich, wenn es sein muß, unbekümmert gegen die eigene Regierung zu stellen, *pressure groups* zu bilden und im äußersten Falle den Gehorsam zu verweigern. Das ist gewiß erheblich mehr als nichts, aber es bedeutet doch eine traurige Verkümmerung und Deformation dessen, was es hier einmal wirklich gab.« (ÜR, 284 f.) Arendts Laudatio auf die Gründung der ersten modernen Republik mündet in eine Kritik der Zustände ihrer Zeit. Was ist der Maßstab, an dem Erfolg und Scheitern der Amerikanischen Revolution bemessen werden? Und enthält Arendts Kritik, die Amerikaner hätten die republikanische Demokratie zu gründen, aber nicht zu bewahren vermocht, auch institutionelle Überlegungen, wie eine gute politische Ordnung verfasst sein sollte?

An den Beginn des zentralen vierten Kapitels von *Über die Revolution* stellt Arendt ein grundsätzliches Problem: Obgleich revolutionäre Akteure einig darüber sein dürften, dass eine Revolution nur so genannt werden kann, wenn die Stiftung der Freiheit zumindest das Ziel revolutionären Handelns ist, so scheine doch die Verfassung, also die Gründung der Freiheit, das Ende der Revolution zu bedeuten. Und in der Tat sei es schwierig, so Arendt, das Revolutionäre in Verfassungen zu erkennen: »Der Begriff des Verfassungsstaates ist weder seinem Inhalt noch seinem Ursprung nach revolutionär; er besagt nicht mehr und nicht weniger, als daß die Staatsmacht durch Gesetze begrenzt sein muß.« (ÜR, 185) Der Verfassungsstaat ist ein begrenzter Staat, er legt den Machthabern Grenzen auf, und das ganz unabhängig davon, wer die Macht innehat. Auch die bürgerlichen Rechte, die der Verfassungsstaat garantiert, sind negativer Art, das heißt, sie garantieren »keinen Anspruch auf Mitbeteiligung an der Staatsgewalt, sondern sind lediglich Schutz gegen sie« (ÜR, 186).

Dass Arendt dennoch die Verfassungsgebung zum entscheidenden Kriterium für eine erfolgreiche Revolution erhebt, hat mit zwei für ihr republikanisches Verfassungsverständnis zentralen Differenzierungen zu tun. Arendt unterscheidet zunächst zwischen Befreiung und Freiheit: Befreiung von (Fremd-)Herrschaft bezeichnet einen quasi vorpolitischen Akt, mittels dessen ein politischer Handlungsraum überhaupt erst eröffnet wird; Freiheit dagegen beschreibt die Erfahrung von gemeinsam handelnden Menschen, diesen ergebnisoffenen Möglichkeitsraum auf ein (vorläufiges) Ergebnis hin zu gestalten, nämlich ihm eine institutionelle Gestalt zu geben. Zweitens unterscheidet Arendt zwischen Verfassungen, die einem Volk gegeben wurden, und solchen, die sich ein Volk selbst gegeben hat. Während die »Konstitutionen«, die einem Volk gegeben wurden, das Werk von Verfassungsexperten sind, »konstituiert« sich das Volk, das sich eine Verfassung gibt, im Verfassungsakt gewissermaßen selbst. Diese Doppeldeutigkeit des Wortes »Konstitution« und seine spezifisch republikanische Ausdeutung seitens der amerikanischen Revolutionäre sieht Arendt in der entsprechenden Definition von Thomas Paine exemplarisch ausgedrückt: »Eine Konstitution [...] ist nicht der Akt einer Regierung, sondern eines Volkes, das eine Regierung konstituiert.« (ÜR, 188)

Arendt nennt nur eine solche Verfassung genuin politisch und im Weiteren auch Stabilität garantierend, die sich ein Volk in einem kommunikativen Prozess der Verfassungsdiskussion selbst gegeben hat. Das Beispiel für einen solchen kommunikativen Verfassungsgebungsprozess gibt die Amerikanische Revolution: Der einzige Zweck der in Amerika wie in Frankreich einberufenen verfassungsgebenden Versammlungen war der Entwurf einer Verfassung, aber nur in Amerika wurden diese Entwürfe »nicht nur summarisch von dem Volk ratifiziert, sondern Abschnitt für Abschnitt und bis in alle Details in den *townhall meetings* (wie im Falle der ursprünglichen Verfassung, den sogenannten *Articles of Confederacy*) oder später (im Falle der Verfassung der Vereinigten Staaten) in den Länderparlamenten diskutiert« (ÜR, 188). Die legitimatorische Priorität, die Arendt dem gleichermaßen initiativen wie kommunikativen Verfassungshandeln gegenüber dem Verfassungsdokument und dem in ihm festgelegten Institutionengefüge zuspricht, verweist auf ein dynamisches Verfassungsverständnis, das ständig eine aktive Bestätigung und Erneuerung dieser Gründungsleistung verlangt.

Arendt hat das Problem politischer Legitimität nicht systematisch analysiert, gleichwohl enthält ihr republikanisches Verfassungsverständnis Grundelemente einer Konzeption demokratischer Legitimität. Indem Arendt behauptet, dass Verfassungen, die das »Werk« von Verfassungsexperten sind und dem Volk »von oben« gegeben wurden, von vornherein ein Legitimitätsdefizit eingeschrieben sei, bindet sie die Legitimität einer politischen Ordnung an Prozesse bürgerschaftlicher Selbstgesetzgebung. Damit ist die weitergehende Annahme verbunden, dass nur solche Ordnungen langfristig stabil sind, die Gelegenheitsstrukturen bieten, das im republikanischen Verfassungsvertrag enthaltene und ihm vorausgehende Versprechen auf aktive politische Partizipation praktisch einzulösen. Es bedarf also institutionell gesicherter Formen und Foren für eine qualifizierte Teilhabe des Demos am politischen Prozess der Meinungsbildung und Entscheidungsfindung. Bleibt Politik eine Sache von Berufspolitikern und Experten, gibt es weder eine responsive Rückbindung des Elitenhandelns an den Demos noch eine Möglichkeit für das Volk, auf legale Weise aktiv in den politischen Entscheidungsprozess einzugreifen und gegen die politischen Entscheidungen der führenden Eliten zu rebellieren, so kommt es zu einer die politische Ordnung destabilisierenden Entfremdung zwischen Repräsentanten und Repräsentierten.

Arendt formuliert hier eine grundlegende Kritik an der repräsentativen Parteiendemokratie. Repräsentativ verfasste Demokratien stellen »außerhalb der Parteienbürokratien nirgends einen Raum bereit [...], zu dem das Volk Zugang hat«; zudem »liegt es im Wesen des Parteiensystems, daß es echte politische Begabungen nur in Ausnahmefällen hochkommen läßt« (ÜR, 357). Zusammengenommen führe dies zu einer Entfremdung zwischen politischer Elite und Volk, in deren Folge nicht nur die aktuell regierende politische Elite an Legitimität einbüße, sondern auch die politischen Institutionen selbst an Autorität verlieren: [F]raglos sowohl im Sinne der allgemeinen Volksstimmung wie der Ergebnisse der politischen Wissenschaft ist, daß die Parteien mit ihrem Monopol der Nominierung derer, die überhaupt zur Wahl gestellt werden, nicht mehr als Organe der Volksmacht anzusehen sind, sondern vielmehr als die sehr wirksamen Hilfsmittel, durch welche eben diese Macht des Volkes eingeschränkt und kontrolliert wird. Daß sich das Repräsentativsystem in Wahrheit in eine Art Oligarchie verwandelt hat, liegt auf der Hand«, wenn auch eine Oligarchie, die »weitgehend mit Recht vorgibt, eine Oligarchie im Interesse der Massen zu sein« (ÜR, 346 f.).

Die oligarchische Verkrustung der Parteiendemokratie, die dem Volk kaum Mitsprachemöglichkeiten gewährt, wird hier zunächst als ein Wertproblem gefasst. Denn demokratische Ordnungen beruhen auf politischer und rechtlicher Gleichheit und sind normativ dem Ideal politischer Selbstregierung verpflichtet. Die Praxis der elitären und bürokratisierten Parteiendemokratie hingegen werde diesem Ideal nicht gerecht. Das liege vor allem daran, dass das für die republikanische Demokratie im Gegensatz zur reinen Demokratie so entscheidende und in der amerikanischen Verfassung verankerte Prinzip vertikaler Machtteilung seine Grenze gewissermaßen ›zu weit oben‹ finde, nämlich in der durchaus wichtigen, aber eben nicht ausreichenden Autonomie der Einzelstaaten.[85] Was die amerikanische Verfassung nicht konserviert hat, ist der revolutionäre Geist, aus dem heraus sie ›von unten her‹ entstanden ist. Für den in den lokalen Gemeinden und kommunalen Rätebewegungen repräsentierten Geist der Erneuerung waren keine Institutionen vorgesehen. Der plebiszitär gewählte Präsident und das Repräsentantenhaus stehen zwar für das demokratische Element in der republikanischen Mischverfassung, während der Senat und das Verfassungsgericht als ›aristokratische‹, die demokratische Handlungsmacht begrenzende Institutionen die Stabilität der Republik sichern, aber der Geist des Neubeginnens und die Lust am politischen Handeln sind in keiner dieser Institutionen enthalten.

So sehr Arendt das republikanische Gewaltenteilungsmodell der US-amerikanischen Verfassung als kreative Rezeption der demokratische und aristokratische Elemente verbindenden Mischverfassung des republikanischen Roms schätzt und in ihm eine ganz wesentliche Garantie für die Stabilität der amerikanischen Demokratie erkennt, so vehement kritisiert sie, dass die autonomen Gemeinden, von denen die amerikanische Unabhängigkeitsbewegung ihren Ausgang genommen hatte und die zum Erfolg der Amerikanischen Revolution maßgeblich beigetragen haben, bereits in der Verfassung marginalisiert wurden. Durch die weitere Stärkung der Zentralgewalten wurde dieser Bedeutungsverlust lokaler Strukturen politischer Selbstverwaltung noch forciert.

Die politische Praxis der repräsentativen Demokratie in den Vereinigten Staaten hält mithin nicht, was im republikanischen Verfassungsvertrag versprochen wurde, nämlich Gelegenheitsstrukturen für politische Partizipation zu bieten. Dieser Machtverlust des Volkes ist indes nicht nur ein Wertproblem, sondern führt zu einem Innovationsdefizit. Dem elitenzentrierten politischen System fehlt der kreative Input, der Arendt zufolge nicht allein von etablierten Eliten ausgeht, sondern ganz wesentlich aus der Bürgerschaft kommt. Zwar unterstützt Arendt durchaus das Argument der Federalists, dass in herausgehobener Führungsverantwortung stehende Eliten notwendig sind, um die unberechenbare Macht plebiszitär-demokratischer Bewegungen einzuhegen, zudem fallen Plebiszite bei Arendt eindeutig nicht unter die Ausweitung demokratischer Partizipation, aber die für die Stabilität der republikanischen Demokratie nötige Dynamik geht von den in politischer Rebellion geschulten und sich zugleich ihrer Verantwortung bewusst seienden Bürgern aus. In Arendts Konzeption der republikanischen Demokratie liegt das initiative Moment machtvollen Handelns nicht primär in den repräsentativ verfassten Institutionen, Repräsentantenhaus und Senat, und auch nicht in dem leitenden Amt des Präsidenten, sondern wird in der politischen Zivilgesellschaft lokalisiert. Gerade diese aber werde durch das Gewicht der repräsentativen Institutionen in ihrer politischen Leistungsfähigkeit derart beschränkt, dass langfristig die Stabilität der repräsentativen Eliten-Demokratie selbst auf dem Spiel stehe.

Indem Arendt neben dem Wert- auch ein Stabilitätsproblem diagnostiziert, wird klar, dass ihr nicht an einer radikaldemokratischen Überwindung der repräsentativen Demokratie gelegen ist, sondern an deren Stabilisierung. Diese kann jedoch neben der institutionalisierten Macht-Autorität-Differenzierung nur über den Ausbau und die Intensivierung zivilpolitischer Partizipationsmöglichkeiten gelingen. Eine politische Ordnung, die ihren Bürgern vielfältige Möglichkeiten aktiver Einflussnahme gewährt, erhöht zwangsläufig auch das Konfliktpotenzial. Arendt sieht darin jedoch gerade keinen Nachteil. Vielmehr wird durch die Einbindung vieler Parteien die Konfliktfähigkeit politischer Akteure befördert und damit insgesamt die Krisenbewältigungskompetenz der demokratischen Ordnung gestärkt.

Integration über Konflikt: Zivilpolitischer Protest und die Idee der Räterepublik

Die Krisenbewältigungsfähigkeit demokratischer Gemeinwesen entscheidet sich für Arendt an der republikanischen Normalität einer konfliktuellen Demokratie, in der über die gesetzlich garantierte und auch praktisch auszuübende Chance von Einspruch, Protest und Konfliktartikulation bürgerschaftliche Tugend befördert wird. Arendt zeichnet damit die republikanische Demokratie als Ordnung aus, in der Integration über Konflikt erfolgt.

Auf ihrer Suche nach republikanischen Ansätzen konfliktueller Demokratie entdeckt Arendt in den bürgerschaftlichen Assoziationen moderne und – trotz ihrer etwas radikaler anmutenden

Überlegungen zum »zivilen Ungehorsam« als Protestformen gegen staatliche Regierungspraxis – moderate Formen politischer Selbstregierung. Wie bei Tocqueville, der bereits Mitte des 19. Jahrhundert die (amerikanische) »Kunst der Assoziation« als demokratische Grundwissenschaft bezeichnet hatte, übernehmen die bürgerlichen wie politischen Vereinigungen eine Art Ausfallbürgschaft für das, worin Arendt zufolge die US-amerikanische Verfassung versagt hat, als sie eine Elitenherrschaft installierte, statt im republikanischen Sinne Elitenverantwortung in repräsentativen Institutionen mit verpflichtenden Formen bürgerschaftlicher Partizipation zu verschränken.

Dass eine vitale bürgerschaftliche Assoziationskultur die Krisenbeständigkeit liberal-demokratischer Ordnungen stärkt, hat Arendt an keiner Stelle so nachdrücklich ausgeführt wie in ihren Überlegungen zur Legalisierung zivilen Ungehorsams. In ihrem Vortrag auf einem Symposium zum Thema *Ist das Gesetz tot?* im Jahr 1970 plädiert sie dafür, den »zivilen Ungehorsam« als eine Form freiwilliger Vereinigung durch einen neuen Verfassungszusatz als Recht institutionell zu verankern. Sie begründet ihren Vorschlag, es sollte verfassungsgemäß sein, sich nicht nur zu einem konkreten politischen Anliegen zu versammeln, sondern sich notfalls auch gegen die Regierung zu stellen, mit der Stabilität des Gemeinwesens selbst. Würden nämlich freiwillige Vereinigungen in ihren Zielen dauerhaft nicht ernst genommen oder wegen ihres gesetzeswidrigen Charakters verboten, komme es entweder zu einer Abspaltung dieser Gruppe von der politischen Gemeinschaft – sie bilden, wie Arendt mit Tocqueville sagt, innerhalb eines Volkes ein Volk für sich, eine Regierung innerhalb einer Regierung – oder aber die Bürger zögen sich resigniert aus dem öffentlich-politischen Leben zurück. Ob durch aktive politische Spaltung oder durch stillschweigenden Austritt – in beiden Fällen erodiert das Legitimitätseinverständnis, auf dem die

Verfassung der republikanischen Demokratie beruht. Politische Freiheit ist diesem Verständnis zufolge mehr als vollziehendes Handeln, und deswegen sollte die Verfassung Gelegenheitsstrukturen bewahren, die Möglichkeiten eröffnen, sich initiativ einzubringen. Ziviler Ungehorsam beschreibt demnach nicht nur ein politisches Handeln, das auf die Verteidigung der Verfassung gegen die Politik einer Regierung abstellt, sondern schließt auch die Initiierung von Reformen, also Neuerungen ein, die von einer Gruppe organisierter Bürger für notwendig erachtet werden.

Unter der Voraussetzung, dass ziviler Ungehorsam das Gesetz öffentlich herausfordert, zudem von einer organisierten Gruppe getragen wird und darüber hinaus gewaltlos vonstatten geht, ist er für Arendt nicht nur eine »zivilisierte« Form politischen Handelns jenseits von Befehl und Gehorsam. Die Praxis zivilen Ungehorsams beweist für sie zudem, dass »Veränderungen an sich [...] immer das Ergebnis von Handlungen außerrechtlicher Natur [sind]. Zwar bietet die Verfassung eine quasi-legale Möglichkeit, Gesetze durch deren Übertretung in Frage zu stellen, doch abgesehen von der Frage, ob derartige Verstöße als Ungehorsam gelten, hat der Oberste Gerichtshof das Recht, unter ihnen eine Auswahl zu treffen, und diese Auswahl geschieht unvermeidlich unter dem Einfluß der öffentlichen Meinung.« (ZU, 141)

Ein lehrreiches Beispiel dafür gibt Arendt zufolge die Geschichte des Vierzehnten Verfassungszusatzes, der seit 1868 allen Schwarzen die Staatsbürgerschaft und die Gleichheit vor dem Gesetz garantiert. Erst einhundert Jahre später wurde diesem Gesetz Geltung verschafft. Die Initiative ging dabei nicht, wie Arendt betont, vom Obersten Gerichtshof aus, der Gesinnungswandel der Richter wurde vielmehr »durch die Bürgerrechtsbewegungen herbeigeführt, bei denen es sich eindeutig um Bewegungen des zivilen Ungehorsams gegen die Gesetze der Südstaaten handelte. Nicht das Gesetz, sondern ziviler Ungehorsam brachte das ›amerikanische Dilemma‹ ans Licht und zwang die Nation vielleicht zum ersten Mal dazu, das enorme Ausmaß des Verbrechens zur Kenntnis zu nehmen, das nicht einfach Sklaverei heißt, sondern bei dem es sich um eine [in Arendts Verständnis einzigartige] Form der Leibeigenschaft handelt« (ZU, 142).

Für Arendt ist der zivile Ungehorsam kein neues Phänomen, sondern lediglich die neueste Form freiwilliger Vereinigungen. Er steht »von daher ganz im Einklang mit den ältesten Traditionen des Landes« (ZU, 153) und gehört, »faktisch seit Jahrhunderten ›in den Bräuchen und Sitten des Volkes verwurzelt‹« (ZU, 159), zur politischen Kultur der amerikanischen Republik. Ein Verfassungszusatz, der diese Form öffentlichen und gewaltfreien Protests organisierter Gruppen legalisieren würde, entspräche zwar nicht dem Wortlaut, aber sehr wohl dem Geist der Verfassung.

Arendt sieht in zivilpolitischen Formen organisierten Protests eine Bestätigung des republikanischen Gründungsversprechens und damit zugleich den Ansatz einer Lösung für die der parlamentarischen Demokratie inhärenten Legitimationsprobleme. Neben der grundsätzlichen Kritik am Repräsentationsprinzip, das in seiner Teilung zwischen politischer Elite und der auf die Stimmabgabe beschränkten Bürgerschaft die Ausbreitung einer apolitischen Mentalität befördert, unterstreicht die Forderung, das parlamentarische System für zivilpolitische Partizipations- und Protestformen zu öffnen, Arendts politische Kernthese: dass es in einer Massengesellschaft zusehends unmöglich wird, durchgreifend, umfassend und dauerhaft die Interessen ganz verschiedener Menschen repräsentieren zu können.

Über die Forderung einer politischen Institutionalisierung zivilen Ungehorsams als Beteiligungsrecht und in der Betonung des politischen Charakters dieser Form öffentlichen Protests entwickelt Arendt ein genuin politisches Konzept von Zivilgesellschaft, das sie klar von der *civil society* als bürgerlicher Gesellschaft abgrenzt. Dieses von Arendt selbst nicht Zivilgesellschaft genannte Konzept steht zwar in Opposition zum hierarchischen Staat, nicht aber zum repräsentativ verfassten demokratischen Verfassungsstaat. Die politische Entscheidungskompetenz der parlamentarischen Vertretungen wird durch die Stärkung zivilpolitischer Akteure nicht infrage gestellt. Zwar bildeten diese Akteure eine ständig präsente Macht, »mit der man in den täglichen Regierungsgeschäften rechnen müßte« (ZU, 158) und die gerade in ihrer Funktion, eine politische Öffentlichkeit zu mobilisieren, von den parlamentarischen Eliten auch nicht übergangen werden dürfe, aber es handelt sich bei den freiwilligen Vereinigungen nicht um eine Alternative zur repräsentativen Republik, sondern um »Heilmittel« für deren Legitimationsprobleme. Arendt betont in diesem Zusammenhang ausdrücklich, dass Vereinigungen keineswegs diskursiv offene und vernünftige Veranstaltungen sind, in denen sich die besten Vorschläge durchsetzen. Es sei vielmehr so, dass sie trotz und wegen der ihnen eigenen, häufig emotional grundierten Spontaneität die entscheidende Stabilisierung der politischen Ordnung leisten: »Seitdem der Mayflower-Compact unter einer anderen Art von Notstand entworfen und unterzeichnet wurde, waren freiwillige Vereinigungen das spezifisch amerikanische Hilfsmittel gegen das Versagen der Institutionen, die Unzuverlässigkeit der Menschen und die ungewisse Beschaffenheit der Zukunft.« (ZU, 159)

Im Gegensatz zur vorgeschlagenen Stärkung der politischen Vereinigungsstruktur, die ›nur‹ eine Ausweitung und Intensivierung der in demokratischen Verfassungsstaaten garantierten Rechte auf Versammlungs- und Meinungsfreiheit bedeutet, stellen Arendts institutionelle Überlegungen zur Rätedemokratie zunächst auf ein alternatives Staatsmodell ab. Die nur sehr skizzenhaft bleibende Konturierung einer rätedemokratischen Verfassung wird von Arendt explizit in Abgrenzung zum hierarchischen Parteienstaat entworfen. Sie sieht in den immer nur temporären, da von den wesentlich straffer organisierten Parteien rasch abgelösten, revolutionären Rätebewegungen (ÜR, 311 ff.) ein »vollkommen anderes Organisationsprinzip« angelegt. Es realisiert eine öffentliche Diskussion und Mitbestimmung, die anders als im Fall der Parteien im Bürger mehr sieht als »Stimmvieh« und die überdies einem Prinzip demokratischer Elitenbildung entspricht, das »von unten beginnt, sich nach oben fortsetzt und das schließlich zu einem Parlament führt« (AIR, 132).

Arendt bezeichnet die in den (revolutionären) Räten versammelte Elite als »die einzige echte, aus dem Volk stammende Elite, die [...] nicht von oben nominiert und von unten unterstützt, sondern frei von ihresgleichen gewählt« wird und zudem »ihresgleichen verbunden und verantwortlich« bleibt: »[D]iejenigen, die sich in Räten zusammentaten und organisierten, waren identisch mit den Verantwortungsbewußten, welche die Initiative ergreifen wollten; sie waren in Wahrheit die politische Elite des Volkes, welche die Revolution nur ans Tageslicht gebracht hatte. [...] Zweifellos würde diese Staatsform in voller Entfaltung wieder die uralte Gestalt der Pyramide annehmen, also die Gestalt aller Staatsformen, die wesentlich auf Autorität beruhen. Während aber in autoritären Regierungen [...] die autoritätgebende Macht von oben nach unten ›fließt‹, würde in diesem Fall die Autorität weder oben noch unten ihre Quelle haben, sondern auf jeder Stufe der Pyramide gleichsam neu entstehen. Was immerhin die Richtung anzeigen mag, in welcher die Lösung eines der ernstesten politischen Probleme der Gegenwart, wie man nämlich nicht Freiheit und Gleichheit, sondern Gleichheit und Autorität vereinen kann, zu suchen ist.« (ÜR, 357 f.)

Wenn Arendt rätedemokratischen Eliten eine Autorität zuspricht, die mit politischer Gleichheit vereinbar ist, arbeitet sie mit einem anderen Autoritätsbegriff als dem, der bei ihrer Charakterisierung des Obersten Gerichtshofes zur Anwendung kam. Dort ging es um die Autorität einer Institution, die demokratische Handlungsmacht begrenzt, hier dagegen geht es um die persönliche Autorität politischer Führer, die unter Gleichen hervortreten, von ihresgleichen gewählt werden und an ihresgleichen zurückgebunden bleiben. Wegen dieses Auswahlmodus gelten sie zwar als besonders befähigte Akteure, nicht aber als exklusive Eliten. Für Arendt bleibt demokratische Politik auf das Handeln herausgehobener Führungsfiguren angewiesen, es geht ihr aber gerade nicht um die Virtuosenfreiheit charismatischer Führer. Das rätedemokratische Modell der Führerauslese stellt auf responsive Eliten ab, die sich aus der engagierten Bürgerschaft heraus rekrutieren, sich durchaus im Konflikt mit etablierten Eliten bilden und die keineswegs in der Führerrolle verbleiben, sondern wieder in die Rolle der unterstützenden Bürgerschaft wechseln. Als zivilpolitische Aktivisten stehen sie zudem nicht in staatlich-zentralistischer Führungsverantwortung, sondern agieren in den dezentralisierten Entscheidungsstrukturen der Räterepublik. Die politischen Erfolgsaussichten eines solchen Rätestaats schätzt Arendt selbst jedoch recht gering ein. Im Interview, das Adelbert Reif 1970, also in der Hochphase der studentischen Protestbewegungen in den westlichen Demokratien, mit ihr geführt hat, sieht sie in ihm zwar eine politische Organisationsform, die »sich für Federationen der verschiedensten Art vorzüglich eignen [würde], schon weil Macht in ihm bereits horizontal und nicht vertikal konstituiert wäre. Wenn Sie mich aber nun fragten, welche Aussichten er hat, realisiert zu werden, dann muß ich Ihnen sagen: sehr geringe, wenn überhaupt irgendwelche. Immerhin – vielleicht im Zuge der nächsten Revolution.« (AIR, 133)[86]

Das Rätemodell verspricht zwar eine Lösung für das kardinale Problem, wie das, was Arendt als das genuin Politische bezeichnet, nämlich einen neuen Anfang setzen zu können, institutionell auf Dauer gestellt werden kann, ohne dass jener politische Freiheitsverlust einsetzt, der nach aller Erfahrung mit jeder Form der Institutionalisierung verbunden ist, weil politisches Handeln auf ein bestimmtes Format festgelegt wird. Aber die Räterepublik ist eine »Volksutopie«, deren Realisierung höchst unwahrscheinlich bleibt (AIR, 131). Dass Arendt in ihrem Revolutionsbuch vor allem unter Verweis auf die im Zuge der Amerikanischen Revolution eingerichteten *councils* und *wards* (ÜR, 325) dieser höchst unwahrscheinlichen Volksutopie ein narratives Denkmal gesetzt hat, verweist wiederum auf ihr performatives Verständnis des Politischen. Der institutionellen Ordnung, den Fakten der Geschichte und dem Selbstverständnis einer politischen Gemeinschaft wird eine von den Ergebnissen der Geschichte verdrängte Erfahrung hinzugefügt beziehungsweise wieder eingegliedert.

Berichtens- und erzählenswert bleibt nämlich nicht nur die erfolgreiche Gründung einer republikanischen Demokratie, sondern auch die vergessene Geschichte der Räte, jener revolutionären Institutionen, die Arendt zufolge bereits für den Verlauf der Amerikanischen Revolution so entscheidend waren und seitdem »mit erstaunlicher Regelmäßigkeit« (ÜR, 327) in allen Revolutionen wieder entstanden: in der großen Französischen Revolution von 1789 ebenso wie während der Ereignisse der zweiten Pariser Kommune im Jahre 1871, dann im Zuge der ersten Russischen Revolution (ÜR, 328) und schließlich wieder in der Ungarischen Revolution vom Herbst 1956 (ÜR, 349).[87] Wohl wissend, dass die revolutionären Räte immer nur flüchtige Übergangsphänomene darstellten, werden sie von Arendt zum »uralten Schatz« des Politischen erklärt, der für Momente erscheint und für lange Zeit wieder verschwindet (ÜR, 361 f.). Wie Homer in der

Ilias den jahrhundertelang zurückliegenden Vernichtungskrieg so erzählt, dass die Vernichtung in der Dichtung wieder rückgängig gemacht wird, so erzählt Arendt die Geschichte der Revolutionen als Geschichte (*story*) der von der Geschichte (*history*) zum Untergang verurteilten Räte. In ihrer Gestalt tritt die Macht des Handelns und des Neubeginnens in ihrer reinsten Form zutage. Als einzige Staatsform, »die unmittelbar aus dem Geist der Revolutionen entstanden ist« (ÜR, 41), hat das Rätesystem die institutionelle Gründung politischer Freiheit in der Verfassung der Vereinigten Staaten von Amerika jedoch ebenso wenig überlebt, wie sie sich in den Revolutionen des 20. Jahrhunderts durchzusetzen vermochte.

Wenn mit dieser Wiedererinnerung an die vergessene Geschichte der Räte als einer revolutionären Volksutopie mehr intendiert ist als das von Homer inspirierte Selbstverständnis der politischen Theoretikerin, gegen die Fakten der Geschichte anzuschreiben, dann stellt sich die Frage, ob das Rätesystem notwendigerweise mit dem Parteiensystem kollidieren muss: Bietet die Räterepublik ein letztlich nicht praktikables Alternativmodell zum repräsentativ verfassten Parteienstaat oder lässt sich eine räterepublikanische Ergänzung der parlamentarischen Parteiendemokratie vorstellen?

Arendt unterscheidet in ihrer Kritik am repräsentativen Parteienstaat zwischen dem politischen Zweiparteiensystem Englands und der USA einerseits und dem kontinentaleuropäischen Vielparteiensystem andererseits (ÜR, 344 ff.). Im Gegensatz zu Letzterem, in dem alle Macht an der Spitze des Staates zentralisiert ist, hat sich Arendt zufolge das englische und das amerikanische Zweiparteiensystem vor allem deshalb bewährt, weil ihm ein horizontaler Staatsaufbau zugrunde liegt, der auf einem »radikal anderen Machtverständnis«[88] beruhend verantwortliche politische Führung ermöglicht. Demgegenüber wird im vertikal strukturierten Vielparteienstaat politische Führungsverantwortung nicht allein durch den Zwang zur Koalition verwischt, sondern überdies politische Führung durch Bürokratisierungs- und Oligarchisierungsprozesse strukturell verunmöglicht.

Arendts auf den ersten Blick paradoxe Unterscheidung zwischen einem horizontalen Staat, der politische Führung ermöglicht, und einem vertikalen Staat, der Führung verunmöglicht, bietet eine institutionelle Konkretisierung ihres handlungstheoretischen Führungskonzepts. Dieses stellt politische Führung als egalitäre und dynamische Relation von Führer und Geführten vor, in welcher der politische Führer erst durch die Bereitschaft und aktive Unterstützung der Geführten zu einem legitimen Führer wird. Der politische Führer verfügt nicht über Befehlskompetenz, sondern wird ermächtigt, im Namen der von ihm repräsentierten Gruppe zu handeln, und bleibt an sie zurückgebunden. Da Arendt zufolge diese Bindung in modernen, individualisierten Massendemokratien immer schwieriger wird, käme rätedemokratischen Institutionen eine das Legitimitätsdefizit des Zweiparteiensystems kompensierende Funktion zu, das trotz der (amerikanischen) Institution der *primaries* zu wenig responsiv angelegt ist. Anders als zivilgesellschaftliche Assoziationsformen wären die rätedemokratischen Selbstverwaltungsinstitutionen durchaus mit Entscheidungskompetenzen versehen: »Nachbarschaftsräte, Räte innerhalb von Berufssparten, Fabriken, Mietshäusern« (AIR, 132) würden die horizontale Machtteilung zwischen Exekutive, Legislative und Judikative komplettieren – und zwar im Sinne einer Stärkung der in der (amerikanischen) Verfassung zwar noch enthaltenen, aber bereits extrem reduzierten und durch den praktischen Bedeutungsgewinn der Zentralregierung wie der ohnehin starken Parteistrukturen nochmals marginalisierten vertikalen Machtteilung. Das mag eine Utopie sein, aber sie wäre eine mit der Parteiendemokratie kompatible Utopie, deren Realisierung die Krisen- und Konfliktbewältigungskompetenz der repräsentativen Demokratie Arendt zufolge stärken würde.

Agonale oder agonistische Demokratie?

Arendts dissentivem Republikanismus zufolge müssen bestehende Beteiligungsformen geschützt und neue Beteiligungsformate etabliert werden, um die in der Verfassung garantierten Rechte auf politische Partizipation zu gewährleisten und die im System der *checks and balances* angelegte politische Vermittlung gesellschaftlicher Pluralität zu realisieren. Die freiheitlich-republikanische Demokratie bedarf zu ihrer Erhaltung der sichtbaren Darstellung und der kommunikativen Austragung von Differenz. Erst durch die praktisch zu meisternde Herausforderung wird die Konfliktfähigkeit von Eliten und Bürgern ausgebildet und damit auch die Fähigkeit geschult, Konflikte verständigungsorientiert zu bearbeiten. In dieser Verkopplung von assoziativ-kommunikativem und agonal-expressivem Handeln entwirft Arendt eine republikanische Version der agonalen Demokratie, die sich nicht nur von radikaldemokratischen Ansätzen unterscheidet, denen sie durchaus zugeordnet wird,[89] sondern auch von dem verwandten Modell einer »agonistischen Demokratie«, das im aktuellen demokratietheoretischen Diskurs prominent von der postmodernen Hegemonietheoretikerin Chantal Mouffe vertreten wird.[90]

Mouffe stimmt mit Arendt darin überein, dass »die Spezifik moderner Demokratie in ihrer Anerkennung und Legitimierung von Konflikt«[91] liegt. Konsens ist demnach zwar notwendig, muss aber von Dissens begleitet sein, da eine konsensuell-elitistische Zurückweisung pluralistischer Konfliktaustragung nicht nur die Apathie der Bürger befördert, sondern den Aufstieg populistischer Politiker ermöglicht.[92] Ebenso wie Arendt setzt Mouffe auf einen konfliktuellen Modus politischer Integration und plädiert angesichts der stabilitätspolitisch hochproblematischen Entfremdung von Führung und Volk in der elitären Praxis der repräsentativen Demokratie für den Ausbau partizipativer Strukturen und die Eröffnung diskursiver Räume für bürgerschaftlichen Einspruch. Eine solche agonal-pluralistische Ordnung, in der Politik »Einheit im Kontext von Konflikt und Diversität« schafft,[93] nennt Mouffe »agonistische Demokratie«. Die beiden Demokratietheoretikerinnen unterscheiden sich jedoch grundsätzlich in der Frage, ob die Lösung sozialer Konflikte zum politischen Bereich gehört oder nicht. Während Arendt soziale Fragen normativ aus dem politischen Raum ausschließt, weil sie befürchtet, dass solche Fragen die Dissensfähigkeit politischer Arrangements überstrapazieren und zudem eine ökonomische Instrumentalisierung des politischen Raums befördern,[94] sieht Mouffe den »Sinn« von Politik genau darin, soziale Ungleichheit und die ihr zugrunde liegenden Machtasymmetrien zu thematisieren und zu überwinden. Sie plädiert für eine politische Streitkultur, deren Gegenstand gerade jene kontroversen Deutungen über das Soziale sind, die Arendt aus dem politischen Raum heraushalten will.

Wenngleich Arendts Argumente gegen eine soziale Entgrenzung des politischen Entscheidungsraums keineswegs einfach als elitare Polis-Nostalgie abqualifiziert werden können, so geraten mit der Ausblendung der sozioökonomischen und soziokulturellen Voraussetzungen für politische Teilhabe gesellschaftlich marginalisierte Gruppen politisch doch aus dem Blickfeld. Die ›Armen‹, die ›Unterprivilegierten‹, die ›Prekarisierten‹, also all jene, die keine Lobby haben und die selbst nicht imstande sind, sich politisch zu organisieren, bleiben in Arendts republikanischem Modell der »agonalen Demokratie« unsichtbar. Ihre

Ansprüche werden nicht berücksichtigt, weil sie als soziale Voraussetzungen politischer Partizipation von Arendt als unpolitisch aus dem Bereich öffentlich-politischen Handelns ausgeschlossen werden. Indem Mouffe soziale Fragen zum Gegenstand des Politischen erklärt, holt sie die Ansprüche dieser von Arendt exkludierten Gruppen – und freilich auch die damit verbundenen Kämpfe – in den öffentlich-politischen Raum. Allerdings bietet Mouffe kaum Überlegungen zum institutionellen Gefüge dieser Konflikt-Demokratie.

Demgegenüber hat Arendt in ihrer Konzeption der republikanischen Demokratie handlungs- und institutionentheoretische Überlegungen verknüpft. Über die Institutionalisierung zivilen Ungehorsams und rätedemokratischer Organisationsformen sollen Chancenstrukturen für eine bürgerschaftliche Erneuerung der repräsentativen Demokratie geschaffen werden. Mit der Institutionalisierung bürgerschaftlicher Beteiligungsformate verbindet Arendt zugleich die tugendethische Überlegung, dass über die verantwortliche Einbindung der Bürger sowohl deren Fähigkeit zu ›reflektiertem Ungehorsam‹ ausgebildet wird, sich nicht auf herrschaftliche Weise regieren zu lassen, als auch eine Haltung ›verantwortlicher Folgebereitschaft‹ befördert wird. Beides – Kritikfähigkeit und reflektierte Unterstützungsbereitschaft – bilden zusammen mit dem Vermögen der erweiterten Denkungsart und der Fähigkeit, Unterscheidungen treffen zu können, die Grundelemente des Arendt'schen, von Arendt aber selbst nicht mehr ausgearbeiteten Konzepts der politischen Urteilskraft.[95]

Arendts handlungstheoretische Grundlegung der republikanischen Demokratie lässt sich als der paradoxe Versuch bezeichnen, gegen das von ihr selbst bemühte republikanische Dekadenzmotiv anzuschreiben, dass es keiner politischen Ordnung auf Dauer gelingen kann, stabile Legitimitätsstrukturen auszubilden. Weil jede Form der institutionellen Stabilisierung notwendig die

Dekadenz der Tugend befördert, die Bürgertugenden aber die Voraussetzungen für die Stabilität der republikanischen Ordnung bilden, handelt es sich grundsätzlich um eine fragile Ordnung. Der Verfallsgeschichte des öffentlich-politischen Raums, die Arendt in *Vita activa* erzählt und in *Über die Revolution* nur teilweise aufbricht, ist jedoch das emanzipative und progressive Prinzip Hoffnung eingeschrieben. So sei zwar die ursprüngliche Absicht der amerikanischen Revolutionäre, eine freiheitlich-politische Ordnung nicht nur zu gründen, sondern auch zu bewahren, in eine Ideologie der Wohlstandserlangung und -mehrung degeneriert, wodurch die politische Idee von »public happiness« als allein im öffentlichen Handeln mit Anderen zu erfahrene Freiheit verloren gegangen und die Grundlagen der republikanischen Demokratie brüchig geworden seien (ÜR, 162 ff.). Dagegen aber steht die emphatische Überzeugung Arendts, dass alles auch immer anders kommen kann, dass handelnde Menschen immer imstande sind, einen neuen Anfang zu setzen. Dass dieses menschliche Vermögen keine anthropologische Setzung ist, sondern zu den – freilich vergessenen – Tatsachen der politischen Geschichte gehört, will Arendt dem politischen Selbstverständnis moderner Gesellschaften wieder hinzufügen. Hier tritt die performative Dimension ihrer Geschichtsschreibung unmittelbar hervor: So wie in jedem Scheitern die Chance auf Erneuerung liegt, so können durch die Wiedererinnerung ›alter‹ politischer Erfahrungen handlungsorientierende Vorbilder für die Moderne gewonnen werden.

Arendts emphatisches Bestehen auf der Kreativität politischen Handelns, die dem konservativen Verfallsmotiv widerstreitet, verweist auf die von ihr bewusst offen gehaltene Unentschiedenheit hinsichtlich der Zukunft des Politischen. Ob sich moderne demokratische Gemeinwesen dauerhaft in Gesellschaften von »Arbeitern und Jobholders« verwandeln, was aus Arendts

Sicht nur heißt, »daß ihr Organisationsprinzip sich aus der einzigen Tätigkeit herleitet, die dem Leben unmittelbar dient und von dem Lebensprozess unmittelbar diktiert ist« (VA, 46 f.), oder den republikanischen Weg einer konfliktaffinen und pluralistisch verfassten demokratischen Ordnung beschreiten, ist eine offene Frage. Arendt beantwortet diese Frage nicht, aber sie stellt doch eine pessimistische Prognose auf: Welche Aussichten hat eine Arbeitsgesellschaft, der durch technischen Fortschritt »die Arbeit ausgegangen ist, also die einzige Tätigkeit, auf die sie sich noch versteht«, und »die kaum noch vom Hörensagen die höheren und sinnvolleren Tätigkeiten [kennt], um deretwillen die Befreiung sich lohnen würde« (VA, 11 f.)? Und welche Aussicht, so führt Arendt fort, hat eine Gesellschaft, deren Freiheit von Arbeit sich nicht nur im Konsumieren von Dingen erschöpft, die sie selber produziert hat, sondern die anfängt, »Weltdinge« zu verzehren, die sie nicht geschaffen hat? In ihrem Aufsatz »Kultur und Politik« schreibt sie: »Nicht die Vergnügungsindustrie ist ein Zeichen dessen, was wir Massenkultur nennen und was wir treffender den Verfall der Kultur nennen sollten. Und dieser Verfall beginnt auch nicht, wenn ein jeder für ein paar Pfennige die Dialoge von Plato erstehen kann. Er beginnt, wenn diese Dinge so zugerichtet werden, daß man mit ihnen einen sonst unmöglichen Massenabsatz erreichen kann.« (KP, 280)

In der melancholisch gestimmten Gewissheit der politischen Historikerin, dass die griechische Polis ebenso untergegangen ist wie die römische Republik, und durch die Erfahrungen totalitärer Vernichtung des Politischen hochsensibilisiert für die krisenhafte Struktur der Moderne, sieht Arendt die amerikanische Republik gefährdet. Die Erosion der republikanischen Grundlagen der US-amerikanischen Demokratie thematisiert Arendt nicht nur in *Über die Revolution*, sondern auch in verschiedenen, unmittelbar auf konkrete politische (Fehl-)Entwicklungen oder Missstände reagierenden Aufsätzen. Diese zwischen politischen Kommentaren, zeitdiagnostischen Einsprüchen und politiktheoretischen Erörterungen changierenden Texte stellen Anwendungen begrifflich-konzeptioneller Überlegungen auf politische Probleme dar. Die politischen Texte erscheinen hier als eine Art Praxistest für die Theorie. Obgleich gerade in diesen Anwendungen die Vermittlungsprobleme von Theorie und Praxis offenbar werden, geht Arendt dieses Risiko ein.

4. Das Risiko der Urteilskraft: Unterscheidungen in der Kritik

Aristoteles' zentrale politikwissenschaftliche Methode des Unterscheidens hat Hannah Arendt zum Grundprinzip ihres politischen Denkens erklärt: »Ich beginne immer alles, indem ich sage: A und B sind nicht dasselbe. Und dies kommt natürlich direkt von Aristoteles.«[96] Neben ihren begriffstheoretischen Differenzierungen zwischen Macht und Gewalt, Autorität und Herrschaft, Freiheit und Souveränität unterscheidet Arendt phänomenologisch zwischen Arbeiten, Herstellen und Handeln. Diese in der Tradition von Aristoteles, Kant und Hegel stehende Phänomenologie der menschlichen Tätigkeiten ist in der großen ideengeschichtlichen Studie *Vita activa* damit verbunden, dass die Tätigkeiten topologisch situiert werden: Das politische Handeln erfolgt im öffentlichen, das Herstellen im gesellschaftlichen und das Arbeiten schließlich im privaten Raum.

Die in *Vita activa* entwickelte Sphärentrennung zwischen privat, gesellschaftlich und politisch bildet den theoretischen Hintergrund für eine weitere Unterscheidung, nämlich die zwischen dem Politischen und dem Sozialen. Vehement kritisiert Arendt die moderne Vermischung genuin politischer mit sozialen und ökonomischen Fragen. Sie sieht darin einen umfassenden Freiheitsverlust. Dieser betrifft sowohl die liberale Freiheit des Einzelnen, frei von staatlich-politischen Eingriffen sein Leben selbstverantwortlich entwerfen und auf die ihm angemessene und richtig erscheinende Weise realisieren zu können, als auch die politische Freiheit, jenseits sozioökonomischer Notwendigkeiten wie individualistischer Nutzenerwägungen an der Gestaltung der gemeinsamen Angelegenheiten, an der *res publica*, initiativ und verantwortlich mitzuwirken. Reduziert auf eine Funktion des Sozialen, degeneriert Politik in die Verwaltung von Menschen und Sachen. Bürokratische Herrschaft – und eben das verbindet Arendt mit Sozial-Politik – bedeutet organisierte Vormundschaft und damit das Ende von Freiheit. Ihr von Alexis de Tocqueville und Max Weber inspiriertes Krisenszenario einer modernen Verwaltungsdespotie, in der mit der öffentlichen Freiheit politischen Handelns auch die liberale Freiheit selbstverantwortlicher Lebensgestaltung verloren zu gehen droht, ist gleichwohl dem Verdacht ausgesetzt, hier werde ein tendenziell elitäres, die sozialen Voraussetzungen politischer Freiheit ausblendendes Ordnungsmodell entworfen.

Der von Hauke Brunkhorst prägnant formulierte Vorwurf, Arendt verteidige ein elitär-aristokratisches Politikverständnis, das auf die »Virtuosenfreiheit« der Wenigen abstelle,[97] revitalisiert einen Standardeinwand gegen ihre politische Theorie. Im November 1972 veranstaltete die Toronto Society for the Study of Social and Political Thought eine Konferenz über Arendts Werk. Für die nachträgliche Veröffentlichung der Tonbandaufnahmen wurden vor allem die kontroversen Themen ausgewählt. Dazu gehörte vor allem die Unterscheidung zwischen dem Politischen und dem Sozialen. Die These der Autonomie des Politischen, so ein zentraler Einwand, schließe Fragen sozialer Gerechtigkeit aus dem politischen Handlungsbereich aus und entkoppele damit die Inanspruchnahme politischer Teilhaberechte von den gesellschaftlichen Verhältnissen und den ökonomischen Randbedingungen.

Der zweite auf der Toronto-Konferenz diskutierte Aspekt betraf die Unterscheidung zwischen Denken und Handeln. Wenngleich Arendt politische Theorie als eine absichtsvoll in die gesellschaftlichen Selbstverständigungsdiskurse intervenierende *Public Philosophy* betrieben und durchaus mit pointierten Urteilen zu öffentlich-politischen Fragen Stellung bezogen hat, so bestand sie darauf, dass der politische Theoretiker kein politisch Handelnder sei und auf politisches Engagement verzichten müsse, um seine Unparteilichkeit zu bewahren. Implizit trifft Arendt hier eine weitere Unterscheidung, nämlich die zwischen der Theorie, die über ihre politisch-historischen Urteile im öffentlichen Raum präsent ist, und dem Theoretiker, der am Rand der politischen Öffentlichkeit steht und aus dieser Paria-Position heraus das politische Handlungsgeschehen beurteilt. Nun hat Arendt mehrmals erfahren müssen, dass diese Unterscheidung in der Praxis nicht akzeptiert wurde. Wie die Kontroverse um ihren 1963 veröffentlichten Bericht über den Eichmann-Prozess zeigte, war die Öffentlichkeit nicht bereit, zwischen Bericht und Berichterstatterin zu trennen. Bereits einige Jahre zuvor, nämlich in der Debatte um ihren Artikel *Little Rock*, machte Arendt die Erfahrung, dass im öffentlichen Raum der Meinungsbildung die aus der theoretischen Reflexion gewonnenen Urteile als bestreitbare Meinungen behandelt werden. Der Wechsel von der abstrakten Ebene der Theorie auf die immer konkrete Ebene politischer und sozialer Praxis ist ein riskantes Unternehmen. Neben der Plausibilität der Argumentation und der Praxistauglichkeit begriffstheoretischer Unterscheidungen stehen immer auch die persönliche Integrität und das Urteilsvermögen der politischen Theoretikerin zur Debatte.

In diesem Kapitel wird Arendts politikwissenschaftliche Methode des Unterscheidens an ausgewählten Beispielen auf die Probe gestellt. Den Auftakt bildet ihr politischer Kommentar zur Aufhebung der Rassentrennung an öffentlichen Schulen. In *Reflections on Little Rock* radikalisiert Arendt ihre in *Vita activa* entwickelte Unterscheidung zwischen privat, gesellschaftlich und politisch in der These von der notwendigen Koexistenz von politischer Gleichheit und gesellschaftlicher Diskriminierung. Die dieser These zugrunde liegende normative Annahme der Autonomie des Politischen wird dann im Hinblick auf das in *Über die Revolution* getroffene historisch-politische Urteil diskutiert, die Amerikanische Revolution sei vor allem deshalb erfolgreich gewesen, weil die soziale Frage keine Rolle spielte, während sie in Frankreich das revolutionäre Handeln dominierte. Die aufgezeigten Anwendungsprobleme begrifflich-konzeptioneller Unterscheidungen werden schließlich mit Arendts Überlegungen zur politischen Urteilskraft konfrontiert und auf die These zugespitzt, dass die Aristotelikerin die *praxis-poiesis*-Unterscheidung performativ auflöst.

Privat, gesellschaftlich, politisch: *Little Rock*

Reflections on Little Rock wurde 1957 auf Anfrage der vom American Jewish Committee herausgegebenen Zeitschrift *Commentary* verfasst, erschien aber erst über ein Jahr später in der Zeitschrift *Dissent*. Die Redaktion des *Commentary* hatte aufgrund massiver Bedenken die Veröffentlichung immer wieder herausgezögert, worauf Arendt den Artikel zurückzog und das Angebot des *Dissent* annahm, ihn dort zu publizieren. Doch auch die Herausgeber des *Dissent* distanzierten sich in einer Erklärung von den Ansichten, die Arendt hier vertrat: »Wir glauben an die Meinungsfreiheit, auch da, wo Auffassungen vertreten werden, die uns als völlig verfehlt erscheinen.«[98]

1954 hatte der Oberste Gerichtshof in einigen Fällen entschieden, dass die Rassentrennung in öffentlichen Schulen verfassungswidrig sei, doch viele Südstaaten boykottierten die Entscheidungen. Die Stadt Little Rock im Bundesstaat Arkansas, für die ein Bundesgericht die Schulintegration angeordnet hatte, war ein Zentrum der Auseinandersetzungen zwischen Schwarzen, die ihre auf Bundesebene garantierten Rechte forderten, und Weißen, die auf der einzelstaatlichen Kompetenz der Rassenfrage beharrten. Der Gouverneur Orval Faubus widersetzte sich der Anordnung des Gerichts und setzte die staatliche Nationalgarde ein, um schwarze Kinder am Betreten der Oberschule zu hindern. Als Faubus vor einem Gericht des Bundesstaats einen zweieinhalbjährigen Integrationsaufschub erwirkte, der aber vom Obersten Gerichtshof wieder aufgehoben wurde, wurden die Schulen in Arkansas qua Referendum privatisiert.[99]

Arendt thematisiert in ihren *Reflections on Little Rock* zwei grundlegende Gefährdungen der republikanischen Demokratie. Auf der politisch-institutionellen Ebene sieht sie durch die erzwungene Übertragung eines Bundesgesetzes auf die einzelstaatliche Ebene das gewaltenteilige System der *checks and balances* beschädigt. Indem die Bundesregierung die Rassenintegration an öffentlichen Schulen gegen die verfassungsmäßig garantierte Souveränität der Einzelstaaten durchsetzte, drohe der Verfassungskompromiss zu zerbrechen, auf dem die amerikanische Republik gründet, dass nämlich »Macht – im Unterschied zu Zwang – durch Teilung mehr Macht hervorbringt« (LR, 109). Wie Elisabeth Young-Bruehl pointiert, klang Arendts Verteidigung des Rechts der Südstaaten gegenüber der Kompetenz der Bundesregierung für viele liberale Leser wie eine »Parteitagsrede der Republikaner«[100].

Der Hauptteil des Artikels widmet sich jedoch einem anderen, ebenso kontrovers diskutierten Aspekt: Fällt die Frage der

Rassentrennung an öffentlichen Schulen überhaupt in den staatlich-politischen Entscheidungsbereich – und ist, damit verbunden, die Schule ein politischer Raum, in dem Kinder die Kämpfe der Erwachsenen austragen sollten? In der Erörterung dieser Fragen wendet Arendt ihre in *Vita activa* entwickelte Unterscheidung von privat, gesellschaftlich und politisch an. Zugleich verweist sie selbst bereits darauf, dass der Bereich der Erziehung und Bildung einer ist, in dem diese strikte Grenzziehung nicht aufrechtzuerhalten ist, weil hier politische mit sozialen und privaten Rechten konkurrieren. Sie hält die Unterscheidung dennoch aufrecht.

Für Arendt ist die Schule grundsätzlich kein politischer Ort, sondern ein vor politischer Instrumentalisierung zu schützender Bereich. Die Erwachsenen, also die Eltern wie die Lehrer, stehen Arendt zufolge in der Pflicht, die politischen Konflikte von den Kindern fernzuhalten und dafür Sorge zu tragen, dass die Kindheit eine geschützte Zeit für den Reifeprozess bleibt. Dieser Verpflichtung seien die schwarzen Eltern nicht nachgekommen, als sie es zuließen, dass ihre Kinder die Last des Rassenkampfs tragen mussten (LR, 102 f.). Arendt hat diese Kritik später revidiert. Auf den Einwand von Ralph Ellison, sie habe »absolut keine Vorstellung von dem, was in den Köpfen der schwarzen Eltern vor sich geht«, gab Arendt zu, das »Ideal des Opfers« nicht verstanden zu haben, das schwarze Eltern dazu bewogen hat, ihre Kinder durch die »Feuerprobe« der integrierten Schule gehen zu lassen. Durch die scharfe Trennung zwischen dem privaten, gesellschaftlichen und politischen Raum war für Ellison aus dem Blick geraten, dass in einer durch Rassentrennung gekennzeichneten Gesellschaft das »schwarze Kind« darauf vorbereitet werden muss, »die durch das Rassenproblem erzeugten inneren Spannungen zu meistern, und wenn es Schaden nimmt – dann bringt es eben ein weiteres Opfer. Das ist ein harter Test, aber wenn das Kind diese entscheidende Prüfung nicht besteht, dann wird sein Leben noch härter sein.«[101]

Wenngleich Arendt in diesem Punkt einlenkt, so hält sie doch daran fest, die Schule müsse vor staatlich-politischen Eingriffen geschützt werden. Zwar sei die Schule ein Bereich, in dem der Staat sein politisches Recht geltend macht, »die Kinder auf ihre zukünftigen Staatsbürgerpflichten vorzubereiten« (LR, 110), dieses politische Recht aber müsse in Einklang gebracht werden mit anderen, ebenso legitimen Rechten: mit dem Recht von Eltern, ihre Kinder so zu erziehen, wie es ihnen richtig erscheint, und mit dem sozialen Recht, sich von anderen gesellschaftlichen Gruppen abzugrenzen. Während Arendt zufolge das Recht der Eltern auf die Erziehung ihrer Kinder unter den Schutz des Persönlichkeitsrechts fällt und die Ausbildung von Individualität und Einzigartigkeit sichert, fällt das soziale Recht aller, über den gesellschaftlichen Umgang frei zu entscheiden, unter das Recht auf Vereinigungsfreiheit und sichert die Pluralität der Gesellschaft vor den konformistischen Tendenzen der modernen Massengesellschaft. Die staatlich-politische Entscheidung, die Rassentrennung an öffentlichen Schulen aufzuheben, verletzt in Arendts Urteil sowohl das Recht auf Schutz der Privatsphäre als auch das »gesellschaftliche Recht auf Diskriminierung« (LR, 105).

Arendt begründet ihre höchst umstrittene Einschätzung, es gebe ein Recht auf gesellschaftliche Diskriminierung, indem sie die Geltung von drei Grundprinzipien der republikanischen Demokratie räumlich situiert. Danach gilt im öffentlich-politischen Raum das Prinzip politischer Gleichheit, im gesellschaftlichen Raum das Prinzip der Diskriminierung und im privaten Raum das Prinzip der Einzigartigkeit und Ausschließlichkeit (LR, 104, 107).

Diese topologische Zuordnung der Prinzipien illustriert Arendt dann an drei Beispielen. Danach stehen »Ferienorte« für das zu schützende Recht auf gesellschaftliche Diskriminierung, denn es muss Arendt zufolge jedem freigestellt sein, seine Freizeit in der Gesellschaft von Menschen zu verbringen, die ihm am angenehmsten ist (LR, 105 f.). Als zweites Beispiel fungieren öffentliche Dienstleistungsbetriebe aller Art, wobei Arendt dies exemplarisch am öffentlichen Personennahverkehr erörtert. Hier gilt das Prinzip des gleichen Zugangs, das als verfassungsmäßiges Recht auf Freizügigkeit gegen gesellschaftliche Diskriminierungspraxen staatlich-politisch durchgesetzt werden muss (LR, 106 f.). Das dritte Beispiel bezieht sich auf das 1959 in neunundzwanzig der neunundvierzig Bundesstaaten geltende Gesetz gegen Mischehen. Für Arendt stellt dieses Gesetz einen massiven Eingriff in die privaten Entscheidungen der Menschen dar, der das unveräußerliche Menschenrecht verletzt zu heiraten, wen man will. Hier – und nicht im Bereich der Schule – sollten Arendt zufolge die »Schwarzen« die in der Unabhängigkeitserklärung proklamierten Rechte auf »Leben, Freiheit und Streben nach Glück« einfordern und dazu gehörten eben auch die Rechte auf Wohnung und Ehe.

Der Versuch, beispielhaft aufzuzeigen, warum die drei Grundprinzipien – das Recht auf eine geschützte Privatsphäre, das Recht auf soziale Distinktion und das Recht auf Gleichheit – nur gesichert werden können, wenn die Autonomie des privaten, des gesellschaftlichen und des öffentlich-politischen Raums aufrechterhalten wird, ist jedoch gerade hinsichtlich des konkreten in *Little Rock* diskutierten Falls, nämlich der politischen Durchsetzung der Rassenintegration an öffentlichen Schulen, nicht überzeugend. Zwar gelingt es Arendt, die Komplexität des hier zu beurteilenden Falls sichtbar zu machen und dafür zu sensibilisieren, dass im Bildungsbereich die verschiedenen, je für sich schützenswerten Grundprinzipien einer freiheitlich-demokratischen Republik vermittelt werden müssen und keines einseitig privilegiert werden dürfe. Warum aber gerade der Bereich, in dem private, gesellschaftliche und politische Interessen aufeinandertreffen, der öffentlichen Diskussion und politischen Entscheidung enthoben sein sollte, erschließt sich nicht. Zudem ist, wie Seyla Benhabib kritisiert, »schwer einzusehen, weshalb [...] Schulen mit ihrem öffentlich-politischen Status eher Urlaubsorten statt Bussen, Bahnhöfen oder Kinos gleichen sollten [...]. Es ist eine Sache, wen ich zum Abendessen einlade oder mit wem ich meine Ferien verbringe, eine andere Sache aber, in den wichtigen Institutionen einer Gesellschaft wie den Schulen, eine Trennung nach rassischen, ethnischen oder religiösen Kriterien durchzuführen.«[102] Beide Einwände gegen Arendts im »Recht auf gesellschaftliche Diskriminierung« polemisch zugespitzte Trennung zwischen dem Gesellschaftlichen und dem Politischen richten sich jedoch nicht nur auf die Beurteilung dieses konkreten Falls, sondern ziehen grundsätzlich in Zweifel, dass diese strikte Trennung aufrechterhalten werden kann. Denn der gesamte Bereich »sozialer Fragen« wird darüber kategorisch aus dem politischen Bereich ausgeschlossen.

Der Ausschluss der sozialen Frage aus dem politischen Raum: *Über die Revolution*

Arendts politisches Anliegen, mit pointierten Urteilen in die gesellschaftlichen Selbstverständigungsdiskurse zu intervenieren, zeigt sich auch in ihrer großen politikwissenschaftlichen Studie *Über die Revolution*. Sie entwirft hier nicht nur eine Theorie der Revolution, die – freilich immer am historischen Beispiel argumentierend – zu klären beansprucht, was Revolutionen sind, wie sie entstehen, welche Dynamiken sie entfalten und was sie bewirken. Das Revolutionsbuch ist auch eine politische Fabel. Im Spiegel der historischen Erfahrung dessen, was in diesem Land der Freiheit einmal unter *public happiness*, unter öffentlichem Glück verstanden wurde, wirft Arendt der US-amerikanischen Gesellschaft der Gegenwart vor, sie habe über dem dominant gewordenen gesellschaftlichen Leitmotiv ›Vom-Tellerwäscher-zum-Millionär‹ ihre ursprüngliche revolutionäre Freiheitsidee vergessen und verraten.

Dass Amerika bereits im 19. Jahrhundert aus dem Bewusstsein der politischen und kulturellen Eliten Europas verschwand und dass nicht die Amerikanische, sondern die Französische Revolution zum Modell für alle weiteren Revolutionen geworden ist, hängt für Arendt aufs Engste damit zusammen, dass Amerika sich »mit erstaunlicher Rapidität aus dem *land of the free* in das gelobte Land der Armen verwandelte« (ÜR, 278). Selbst die Revolutionäre auf dem amerikanischen Kontinent »handeln und sprechen, als hätten sie den Text der französischen, russischen, chinesischen Revolutionen auswendig gelernt, aber nie von so etwas wie einer Amerikanischen Revolution auch nur gehört« (ÜR, 279). Diese »allgemeine Unkenntnis« sei Folge eines »Gedächtnisschwundes in den Vereinigten Staaten selbst« gewesen, verbunden mit einem »katastrophalen Mangel an Urteilskraft« (ÜR, 279).

Im Verlauf dieser recht grundsätzlichen Kritik an dem (un-)politischen Selbstverständnis der Amerikaner wechselt Arendt von der anklagenden »Sie«- auf die sich mitverantwortlich erklärende »Wir«-Form: »Wenn man uns vorwarf, wir verstünden unter Freiheit nicht mehr als freie Marktwirtschaft, haben wir wenig getan, diese ungeheuerliche Unwahrheit zu widerlegen«, ja »wir« haben dieser »grotesken Vorstellung« noch Vorschub geleistet, als »wir selbst« erklärt haben, »Wohlstand, Reichtum und Überfluß«

seien die »Früchte der Freiheit«, während es sich doch hier nur um glückliche Umstände gehandelt hat (ÜR, 279 f.). Dass Amerika zum Sehnsuchtsland privaten Wohlstands und sozialen Aufstiegs werden konnte, hat in Arendts Urteil ganz wesentlich mit dem natürlichen Reichtum des Landes und dem Fehlen einer feudalistischen Klassenstruktur zu tun – und »liegt keineswegs an der überlegenen Weisheit amerikanischer Kapitalisten« (ÜR, 280). Es sei vielmehr so, dass, wo immer die sogenannte »Privatinitiative« des kapitalistischen Systems geherrscht hat, ein »Massenelend von furchtbaren Ausmaßen« die unmittelbare Folge war (ÜR, 280).

Mit diesem kapitalismuskritischen Urteil über die Startvorteile der Amerikanischen Revolution sind zwei bemerkenswerte Einschätzungen verbunden: Zum einen entkoppelt Arendt hier Demokratie und Kapitalismus. Demokratische Freiheit und freie Marktwirtschaft bilden keinen notwendigen Funktionszusammenhang. Für Arendt ist auf kein »wie auch immer geartetes Wirtschaftssystem in Sachen der Freiheit Verlaß« (ÜR, 280). Die technologieaverse und bürokratiekritische Theoretikerin setzt in der Lösung der Armutsfrage vielmehr auf die Entwicklung der Produktivkräfte und überantwortet die verwaltungstechnische Abwicklung gesellschaftspolitischer Großprojekte einer gut ausgebildeten und ethisch qualifizierten Beamtenschaft. Zum anderen attestiert Arendt der aus ihrer Sicht ja zumindest in der Gründung der Freiheit durchaus erfolgreichen Amerikanischen Revolution, sie sei »in einer Art elfenbeinernen Turm vonstatten gegangen, durch dessen feste Mauern das erschreckende Schauspiel menschlicher Not, die anklagende Stimme des Elends nicht drangen« (ÜR, 120). Und ein paar Seiten zuvor schreibt sie: »Der Grund für das, was gelang, wie für das, was fehlschlug, war der gleiche: Amerika stand nicht unter dem Fluch der Armut. Die Gründung der Freiheit konnte nur gelingen, weil den ›gründenden Vätern‹ die politisch unlösbare soziale Frage nicht im Wege stand« (ÜR, 85). In dieser Zuspitzung wird die Befreiung von Armut zur Voraussetzung für die erfolgreiche Gründung politischer Freiheit. Das entkräftet zwar teilweise den wiederholt vorgebrachten Vorwurf, Arendt habe eine von sozialen Fragen gänzlich unbeeindruckte Theorie politischer Freiheit verfasst, bekräftigt aber zugleich ihre Auffassung, dass der Versuch, die soziale Frage politisch zu lösen, den Anfang vom Ende politischer Freiheit bedeute.

Das Beispiel für eine an der Gründung politischer Freiheit gescheiterte Emanzipationsbewegung gibt die Französische Revolution. Arendt führt dieses Scheitern ganz wesentlich darauf zurück, dass die französischen Revolutionäre die egalitäre Forderung der Massen nach sozialer Gleichheit zu ihrer Handlungsmaxime gemacht haben. Damit sei das Diktat der Notwendigkeit, nämlich die Interessen der Armen und Elenden, an die Stelle politischer Freiheit getreten. Für Arendt bedeutet Politik, den Raum öffentlich-politischen Handelns stets für Kontingenz offenzuhalten. Die Notwendigkeit der Ernährung tritt damit unweigerlich in Konflikt. Arendts radikale Position, das Soziale habe im Bereich des Politischen nichts zu suchen, ließe sich auch als normatives Postulat lesen, wonach es unsere Pflicht ist, das Problem der Armut bürokratisch zu lösen. Politisch zu diskutieren gibt es hier nichts. Diese schon fast teleologisch-normativ zu verstehende Position erklärt auch, warum Arendt das Mitleiden als »nobelste« und zugleich unpolitischste aller Leidenschaften bezeichnet. Die französischen Revolutionäre hatten das Mitleid zur politischen Tugend erklärt und damit den »Terror« gegen all jene gerechtfertigt, die nicht glaubhaft machen konnten, dem sogenannten Wohl des Volkes zu dienen.

Für Arendt ist Mitleid gerade keine politische Tugend, sondern ein maßloses und potenziell gewalttätiges Gefühl, das im

Rückgriff auf den Kollektiv- und Substanzbegriff Gemeinwohl herrschaftlich instrumentalisiert wurde, um politische Identität auf Kosten gesellschaftlicher Pluralität herzustellen. Arendt wendet sich hiermit gegen Rousseaus vertragstheoretisch begründetes Ideal der identitären Demokratie, dem zufolge die *volonté générale* das Allgemeinwohl unfehlbar repräsentiert, sowie gegen Robespierres terroristische Umsetzung dieser Idee (vgl. ÜR, 93–124). Vor dem Wohlfahrtsausschuss, also jener berühmt-berüchtigten Regierungsinstitution der Französischen Revolution, die unter der diktatorischen Leitung von Robespierre den zum Regierungsprinzip erhobenen Terror gegen die »Feinde der Freiheit« organisierte, hatte jeder seine Mitleidsfähigkeit respektive Gemeinwohlorientierung unter Beweis zu stellen.[103] Und jeden, dem dies im Urteil von Robespierre nicht gelang, erwartete das ›gerechte‹ Urteil des Volks- und Vaterlandsverräters, nämlich die Guillotine. Die Gewaltexzesse der Französischen Revolution haben Arendt zufolge die ursprüngliche Idee der Stiftung einer neuen politischen Ordnung blutig begraben und damit aus ihrer Sicht ›bewiesen‹, dass soziale Befreiung und politische Revolution nicht gleichzeitig zu realisieren sind.

Arendts aus der vergleichenden Darstellung der Amerikanischen und der Französischen Revolution gewonnenen historisch-politischen Beurteilungen beruhen auf zwei miteinander verknüpften Annahmen: dass die soziale Frage in der Amerikanischen Revolution keine Rolle spielte und dass soziale und politische Gleichheit entkoppelt werden können und müssen. Die erste Annahme lässt sich historisch, die zweite politisch bestreiten.

Arendt macht den amerikanischen Revolutionären das durchaus ambivalente Kompliment, ihnen sei die politische Gründung einer republikanischen Demokratie nicht zuletzt deshalb gelungen, weil sie das »Elend der Sklaverei«, dieses einzigartige Verbrechen zivilisierter Systeme (ZU, 142), konsequent ausgeblendet, ja nicht einmal als Teil der sozialen Frage betrachtet hätten (ÜR, 90). Diese im Revolutionsbuch sehr knapp gehaltene kritische Einlassung zu der recht entscheidenden Frage des Umgangs mit der Sklaverei verweist indes auf eine ›Erinnerungslücke‹ bei Arendt selbst. Sie hat nämlich ›vergessen‹, dass die von ihr gelobte amerikanische Verfassungsgebung auf einem Kompromiss gründete, der auf Kosten Dritter geschlossen wurde und in dem sozioökonomische Interessen gerade nicht außen vor blieben, sondern sogar in erheblichem Maße Berücksichtigung fanden.

In seinem Buch *Über Kompromisse und faule Kompromisse* hat der Moralphilosoph und Politikwissenschaftler Avishai Margalit die Frage aufgeworfen, ob die Gründung der Vereinigten Staaten auf einem »faulen Kompromiss« beruht. Er verweist hier darauf, dass die Annahme der amerikanischen Verfassung erst möglich wurde durch den Connecticut-Kompromiss, der knapp gesagt darauf hinauslief, die Anerkennung der politischen Union auch durch »Sklavenstaaten« zu ermöglichen, indem die Sklaverei selbst anerkannt wurde.[104] Auf die »unverblümte Frage«, ob die amerikanische Verfassung das Ergebnis eines faulen Kompromisses war, verweigert Margalit zwar eine endgültige Antwort, findet aber ein Gleichnis, mit dem er durchaus ein politisches Urteil fällt. Margalit unterscheidet »zwischen einer Kakerlake in der Suppe und einer Fliege in der Salbe. Eine Kakerlake verdirbt die ganze Suppe. Eine Fliege disqualifiziert die Salbe nur teilweise. Angesichts dieser Unterscheidung lautet die Frage: War die Verfassung eine Suppe mit einer Kakerlake oder eine Salbe mit einer Fliege? Meine knappe Antwort lautet, daß sie eine Suppe war, in der die Sklaverei gleich einer riesigen Kakerlake schwamm«.[105]

Dieses politische Urteil teilt Arendt nicht. Dass der amerikanische Gründungsprozess gerade im Umgang mit der ›Sklavenfrage‹ sehr wohl von sozioökonomischen Interessen durchdrungen war, ja dass die amerikanische Verfassung auf einem ›Handel‹

gründete, der zwischen den Sklavenstaaten im Süden, die ökonomisch von der Sklaverei profitierten, und den Neuengland-Staaten geschlossen wurde, passt nicht in die von Arendt erzählte Geschichte der Amerikanischen Revolution als einer genuin politischen, von sozioökonomischen Fragen gänzlich unbelasteten Verfassungsgebung. Trotz ihrer Kritik, das ungelöste Problem der Sklaverei sei der entscheidende Makel der Amerikanischen Revolution gewesen, hat Arendt in ihrer Laudatio auf die politische Gründungsleistung der Amerikaner das »Elend der Sklaverei« selbst marginalisiert beziehungsweise invisibilisiert.

Arendts strikte Trennung zwischen dem Politischen und dem Sozialen führt jedoch nicht nur zur Invisibilisierung historischer Fakten, infrage steht auch, ob sich diese Trennung politisch aufrechterhalten lässt. Wie Seyla Benhabib kritisiert, ist das Recht auf gesellschaftliche Diskriminierung »im Grunde genommen immer nach dem Prinzip politischer Gleichheit anfechtbar. Arendts Formulierung, ›Diskriminierung ist ein ebenso unabdingbares gesellschaftliches Recht wie Gleichheit ein politisches ist‹, ist in sich instabil. Es verhält sich nicht nur so, daß gewisse Niveaus gesellschaftlicher und ökonomischer Gleichheit unerläßlich sind, damit politische Gleichheit in Anspruch genommen werden kann. [...] Hinzu kommt, daß bestimmte Formen gesellschaftlicher Diskriminierung mit politischer Gleichheit unvereinbar sind, insofern als sie den öffentlichen Ausschluß bestimmter Gruppen oder Menschen aufgrund ihrer Identität formell bekräftigen.«[106]

Benhabibs Kritik an der sozial blinden Trennung zwischen dem Gesellschaftlichen und dem Politischen zeigt die entscheidende Leerstelle von Arendts Theorie eines »freiheitlichen Republikanismus« an.[107] In ihrer an Aristoteles' *oikos-polis*-Unterscheidung anschließenden These der Autonomie des Politischen bleibt Arendt nicht nur die Beantwortung der Frage nach den sozioökonomischen und soziokulturellen Bedingungen für die Ermöglichung politischer Partizipation schuldig, sie vermag überdies nicht zu erklären, was genuin politische im Gegensatz zu ›bloß‹ sozialen Fragen sind.

Die Frage, was denn nun der Gegenstand politischen Handelns ist, wenn der Bereich des Sozialen komplett ausgeschlossen wird, bildete einen der schärfsten Einwände gegen Arendt. Es war Arendts engste Freundin Mary McCarthy, die auf der Toronto-Konferenz 1972 ihre strikte Unterscheidung zwischen dem Politischen und dem Sozialen als unrealistisch und auf »mysteriöse« Weise undurchsichtig kritisiert hat: »Mir scheint, wenn Sie erstmal eine Verfassung haben und die Gründung hinter Ihnen liegt, und wenn Sie ein Rahmenwerk von Gesetzen geschaffen haben, dann ist die Bühne frei für politisches Handeln. [...] Wenn [aber] alle Fragen der Wirtschaft, der menschlichen Wohlfahrt, des ›busing‹ – was immer die soziale Sphäre berührt – von der politischen Bühne ausgeschlossen sind, dann wird es mysteriös. Es bleiben nur noch die Kriege und das Reden übrig. Aber die Reden können nicht einfach Reden sein. Sie müssen Reden über etwas sein.«[108]

Arendt antwortete auf diese konkrete Frage entweder ausweichend, etwa damit, Handeln sei ein öffentliches Reden über Dinge, die »wert sind, in der Öffentlichkeit beredet zu werden«,[109] wobei sie ihrer republikanischen Demokratiekonzeption zufolge zugestehen müsste, dass es eben das Bürger-Publikum ist, das darüber befindet, was in der Öffentlichkeit besprochen werden sollte, und nicht die politische Theoretikerin. Oder sie versucht, Beispiele für ihre Unterscheidung zu bringen, wie etwa den Wohnungsbau. So besteht Arendt zufolge das soziale und in diesem Sinne nicht politisch zu erörternde Problem in angemessenen Wohnmöglichkeiten, während »die Frage, ob solch angemessene Wohnmöglichkeiten im Zeichen der Integration stehen sollen oder nicht, [...] mit Sicherheit eine politische Frage« ist.[110] Dieses Beispiel ist nun gleich in mehrerer Hinsicht falsch gewählt: Zum einen steht es in offensichtlichem Widerspruch zu Arendts in *Little Rock* so vehement verfochtenem Plädoyer, das Thema der integrierten Schule nicht zum bevorzugten Terrain öffentlich-politischer Kontroversen und staatlich-politischer Entscheidungen zu machen. Zum anderen unterläuft auch dieses Beispiel die Unterscheidung zwischen dem Sozialen und dem Politischen, weil sich hier private, gesellschaftliche und politische Interessen unmittelbar überschneiden. Warum integrierte Wohnviertel eine politische und integrierte Schulen eine eher nicht politische Angelegenheit darstellen, erschließt sich nicht, sondern verweist einmal mehr auf die Anwendungsprobleme der im Hinblick auf die analytische Differenzierung verschiedener Handlungslogiken durchaus wertvollen Unterscheidung zwischen privat, gesellschaftlich und politisch.

Politische Meinung und historisches Urteil: *Wahrheit und Lüge in der Politik*

Ähnlich viele Missverständnisse wie die Trennung zwischen dem Politischen und dem Gesellschaftlichen hat Arendts Unterscheidung zwischen Verstehen und Handeln hervorgerufen. Auf der Toronto-Konferenz bringt Crawford B. MacPherson dies auf den Punkt: »Behauptet Frau Arendt wirklich, daß man sich als politischer Theoretiker nicht gleichzeitig engagieren kann? Bestimmt nicht!«[111] Arendt antwortet mit einer alten, dem Pythagoras zugeschriebenen Geschichte. Danach gehen zu den Olympischen Spielen die einen »als Wettkämpfer, andere, um ihrem Gewerbe nachzugehen, und die Besten sitzen dort in Olympia, im Amphitheater, um zuzuschauen. Das heißt, daß letztlich diejenigen, die zuschauen, das Wesentliche mitbekommen. Und an dieser Unterscheidung muß festgehalten werden – im Namen der Ehrlichkeit, wenn schon in keinem anderen.«[112]

Arendt referiert hier zunächst die klassische philosophische Position, wonach der bloß betrachtende, am Geschehen selbst nicht beteiligte Zuschauer eine überlegene Stellung habe. Während der politisch Handelnde aufgrund seines aktiven Involviertseins in den politischen Prozess nur eine begrenzte, notwendigerweise parteiliche Perspektive auf die zu entscheidende Sache einnimmt, gewinnt der bloße Betrachter in der Distanz zum politischen Geschäft einen allgemeinen Überblick, der ihn befähigt, das Wesentliche zu erkennen. Arendt bricht diese philosophische Überordnung der *vita contemplativa* gegenüber der *vita activa* jedoch gleich in mehrfacher Hinsicht auf.

Erstens ist Arendt mit Kant der Ansicht, dass die Zuschauer nur in der Mehrzahl existieren (U, 85), das heißt, es gibt nicht einen privilegierten Theoretiker, sondern einen vielstimmigen »Chor« von Beobachtern, der das politische Geschehen beurteilt und kommentiert. *Zweitens* haben die Betrachter, Berichterstatter und Erzähler, also all jene, die zum Chor der Beobachter gehören, sich nicht von der Welt der öffentlich-politischen Angelegenheiten zurückgezogen, wie es der Philosoph klassischerweise tut, sondern sind nur vom aktiven Engagement in eine Sonderposition innerhalb der Welt gewechselt. Sie müssen in dieser Randposition nicht verbleiben, aber wenn sie (wieder) in eine aktive Rolle gehen, verlieren sie die für das Urteilen notwendige Distanz. *Drittens* müssen die politischen Urteile dem Kriterium der öffentlichen Mitteilbarkeit genügen (U, 93), das heißt auf das Politische in seiner phänomenalen Besonderheit bezogen und dem angesprochenen Adressatenkreis verständlich sein. Sie sind darin *viertens* jedoch nicht über jeden Zweifel erhaben, im Gegenteil: Über Urteile kann und soll in der politischen Öffentlichkeit gestritten werden.

Nun hat Arendt ihr mit dem politischen Urteilen eng verschwistertes und zugleich vom politischen Handeln distinktes Verstehenskonzept nicht systematisch entwickelt. Sie traktiert die ›alten‹ Fragen, ob der Konflikt zwischen Philosophie und Politik gelöst und wie eine Vermittlung zwischen Denken und Handeln geleistet werden kann, sowohl in theoretischen Aufsätzen und politischen Essays als auch in ihren Porträts über »Menschen in finsteren Zeiten« und nicht zuletzt in dem unvollendet gebliebenen Spätwerk *Vom Leben des Geistes* über das Denken, das Wollen und das Urteilen. Überdies verknüpft Arendt sehr verschiedene ideengeschichtliche Quellen: die homerische Tradition »objektiver Berichterstattung«, Thukydides' politische Historiographie, Aristoteles' *phronesis*-Konzept und Kants Theorie des Geschmacksurteils.[113] Schließlich macht sie sich Lessings politischen Einspruch gegen das Tyrannische philosophischer Wahrheit zu eigen. In ihrer Interpretation der *Ringparabel* stellte sie Platons ontologischer Aufwertung des reinen Denkens gegenüber dem bloßen Meinungsstreit des Politischen die Weisheit des Nathan entgegen, die gerade darin bestand, dass dieser bereit war, die Wahrheit der Freundschaft und Menschlichkeit zu opfern: »Weil Lessing ein so durchaus politischer Mensch war, hat er darauf bestanden, daß es Wahrheit nur geben kann, wo sie durch Sprechen vermenschlicht wird, nur wo ein jeder sagt, nicht was ihm gerade einfällt, aber was ihm gerade ›Wahrheit dünkt‹.« (GL, 48)

Der leitende Gedanke dieser in Form und Stil disparaten Erörterungen besteht darin, das Verstehen als theoretisch-reflexive Leistung vom Handeln als einer politisch aktiven Tätigkeit zu unterscheiden und zugleich das Gemeinsame von Verstehen und Handeln herauszustellen. Im Unterschied nämlich zum reinen philosophischen Denken sei Verstehen und Handeln die Wahrnehmung der »Differentialität des politischen Raumes« gemeinsam.[114] Eben diese in der Unterscheidung betonte Gemeinsamkeit aber birgt ein ungelöstes Problem: So unterscheidet Arendt selten zwischen Meinungen und Urteilen, aber ihre Überlegungen zur retrospektiv angelegten historischen Urteilskraft in den Kant-Vorlesungen legen ebenso wie ihre Unterscheidung zwischen Tatsachenwahrheiten und Meinungen eine Differenzierung nahe.

Der zentrale Aufsatz, der das Verhältnis zwischen Vernunft- und Tatsachenwahrheiten sowie das zwischen historischen Urteilen und politischen Meinungen zum Gegenstand hat, ist der Essay »Wahrheit und Politik«, ein Nachdruck des 1972 erschienenen Artikels »Wahrheit und Lüge in der Politik: Zwei Essays«.[115] Hieran lässt sich besonders anschaulich beobachten, wie Arendt die »Pentagon-Affäre« zum Ausgangspunkt nimmt, um grundsätzlichere Überlegungen zum Verhältnis von Theorie und Praxis anzustellen. Arendt versucht hier zu begründen, dass das an sich maßlose, gegen die Faktizitäten der Wirklichkeit aufbegehrende politische Handeln auf die kritische Begrenzung seitens einer die historischen Tatsachen bewahrenden politischen Theorie angewiesen ist. Die Theorie ist hier nicht in der Rolle, gegen die Wirkmächtigkeit historischer Fakten anzuschreiben, um eine neue beziehungsweise eine vergessene Perspektive auf das, was Politik vermag, zu eröffnen, sondern wird nunmehr gegen die Macht politischen Handelns gewendet, die Tatsachen der Geschichte manipulativ umzudeuten.

Thomas Gutschker zufolge zeigt sich für Arendt der entscheidende Gegensatz zwischen Meinungen und Tatsachen erst in der politischen Auseinandersetzung: »Jeder Debatte wohnt die Möglichkeit inne, ungeliebte Fakten als Meinungen hinzustellen. Arendt bezeichnet ein solches Verhalten als ›Lüge‹, die den Unterschied zwischen Meinungen und Tatsachen aufzuheben sucht.«[116] Gutschker übersieht jedoch die entscheidende Wendung, die Arendt in »Wahrheit und Politik« in der Bewertung politischen Handelns vornimmt. Denn was Arendt in keinem anderen Aufsatz so deutlich betont, ist die performative Macht politischen Handelns, die Wirklichkeit zu verändern, indem die Wirklichkeit selbst umgedeutet wird. Der Lügner ist ein Handelnder, schreibt sie, der nicht bereit ist, sich mit der politischen Realität abzufinden. Er ist derjenige, der sich die Freiheit nimmt, das, was ist, nicht anzuerkennen: »Was immer er sagt, ist nicht ein Sagen, sondern ein Handeln; denn er sagt, was nicht ist, weil er das, was ist, zu ändern wünscht.« (WaP, 353) Für Arendt gehört »unsere Fähigkeit zu lügen – aber keineswegs unser Vermögen, die Wahrheit zu sagen – zu den wenigen Daten [...], die uns nachweislich bestätigen, daß es so etwas wie Freiheit wirklich gibt. Die Verhältnisse, unter denen wir leben und die uns bedingen, können wir nur ändern, weil wir trotz aller Bedingtheit relativ frei von ihnen sind, und es ist diese Freiheit, die das Lügen ermöglicht und die gleichzeitig von ihm mißbraucht und pervertiert wird.« (WaP, 353)

Arendt stellt der »irritierenden Kontingenz«, dass alles, was ist, sich auch hätte anders verhalten können, und damit auch dem Lügen als Verschweigen und Umdeuten von historischen Fakten das »Sagen, was ist« entgegen (WaP, 329). Damit trifft sie freilich eine normative Unterscheidung zwischen der historischen Urteilskraft der Theoretikerin und der Meinungsbildung politischer Akteure, die sich nicht von selbst versteht. Denn innerhalb eines hermeneutischen Verständnisses politischer Praxis, wie Arendt es ausdrücklich vertritt, sind die sogenannten »Tatsachen« selbst Gegenstand von Interpretationen, sei es in Form sinnstiftender Erzählungen oder historischer Narrationen, deren normative Wirkmächtigkeit sich wiederum erst in der politischen Rezeption erweist. Wenn Arendt apodiktisch feststellt, dass alle Wahrheiten sich von Meinungen und Ansichten durch den Wahrheitsanspruch unterscheiden, »das heißt durch die Art und Weise, wie sie Gültigkeit beanspruchen« (WaP, 340), dann wird das theoretisch-reflexive Urteil gegenüber der politischen Meinung nicht nur aufgewertet, sondern schließt mit seinem »Gültigkeitsanspruch« jede Debatte aus (WaP, 342). Die diskursive Meinungsbildung, die Arendt im Rekurs auf Aristoteles' *phronesis*-Konzept gegenüber dem philosophischen Denken ausdrücklich aufwertet, wird hier in die Schranken einer den historischen Tatsachen verpflichteten politischen Theorie verwiesen (WaP, 343).

»Wahrheit und Lüge in der Politik« ist der ambivalente Versuch, über die Unterscheidung zwischen Tatsachenwahrheit und Meinung sowie zwischen historischer Urteilskraft und politischer Meinungsbildung die performative Kraft politischen Handelns, die Wirklichkeit über sprachliche Akte der Umdeutung zu verändern, als Freiheitsgewinn auszuzeichnen und zugleich die damit verbundenen Gefahren aufzuzeigen und zu begrenzen. Arendt kommt an vielen Stellen ihres Werks, vor allem in *Vita activa* und *Über die Revolution*, auf die performative Dimension politischen Handelns zu sprechen, aber nirgendwo sonst hat sie so deutlich gemacht, dass wir es im politischen Raum mit wirkmächtigen Konstruktionen von Wirklichkeit zu tun haben. Und nirgendwo sonst hat sie so vehement darauf bestanden, dass dieser kreativistischen Konstruktionsleistung politischen Handelns Grenzen gesetzt werden müssen. Allerdings ist das historische Urteilen selbst eine (Re-)Konstruktionsleistung. Auch wenn es den historischen Fakten verpflichtet bleibt, kommt es doch ganz erheblich auf die Interpretation dieser Fakten an. Angesichts der grundsätzlichen hermeneutischen Struktur politischer Praxis hängt die Integrität der historischen Fakten offensichtlich allein von der besonderen Vorurteilslosigkeit und Urteilskompetenz des politischen Theoretikers ab. Arendt weist damit dem politisch-historischen Urteilen eine immense Verantwortung zu. Dem auf das Verstehen spezialisierten, sich vom aktiven politischen Handeln distanzierenden Betrachter kommt es zu, die Bewahrung historischer Tatsachen und deren kritische Beurteilung gleichzeitig zu leisten. Damit wird freilich eine herstellende Dimension in den politischen Handlungsbereich eingezogen, die der neoaristotelischen Unterscheidung zwischen *praxis* und *poiesis* zuwiderläuft. Denn der politische Theoretiker, dem Arendt die vorurteilslose Tradierung historischer Fakten und die normative Beurteilung politischen Handelns anvertraut, ist ihr zufolge kein Handelnder, sondern ein Produzent kultureller Artefakte.

Die *praxis-poiesis*-Unterscheidung und ihre performative Auflösung

Der Aufsatz, in dem Arendt die wechselseitige Angewiesenheit von kulturellem Herstellen und politischem Handeln im öffentlich-politischen Raum zentral entwickelt, ist »Kultur und Politik«. Der Artikel erscheint 1958 im *Merkur*, also in demselben Jahr, in dem auch *Vita activa* veröffentlicht wurde. Gegenstand dieses Aufsatzes, der auf einem Vortrag basiert, den Arendt auf dem Kulturkritikerkongress in München gehalten hat, ist das ›alte‹, seit den Griechen bestehende Misstrauen der Politik gegenüber der Kultur. Arendt löst die Spannung zwischen Politik und Kultur nicht auf, sie macht sie vielmehr zum Kern einer performativen Konzeption des Politischen. Zwar handele es sich bei dem Konflikt zwischen Politik und Kultur zweifellos um einen Kampf der Maßstäbe, nämlich darum, welche Normen in der öffentlichen Welt gelten sollen – die Maßstäbe des Handelns oder die des Herstellens –, aber dieser Konflikt spiele sich nicht nur in der politischen Öffentlichkeit ab, sondern sei für den politisch-öffentlichen Raum konstitutiv: »Zur Welt im eigentlichen

Sinne wird die irdische Heimat erst dann, wenn die Gesamtheit der Weltdinge so hergestellt und organisiert ist, daß sie dem verzehrenden Lebensprozeß der in ihr wohnenden Menschen widerstehen und die Menschen, sofern sie sterblich sind, überdauern kann. Nur wo dies Überdauern geleistet ist, sprechen wir von Kultur, und nur wo wir mit Dingen konfrontiert sind, die unabhängig von allen Zweck- und Funktionszusammenhängen in ihrem Sosein, in ihrer Qualität immer gegenwärtig sind, sprechen wir von Kunstwerken.« (KP, 289)

Das Wirklichkeit verändernde politische Handeln bleibt nicht nur auf politische Institutionalisierung in Form von Verfassungen und Gesetzen angewiesen, sondern ist zudem in besonderem Maße abhängig von narrativer Tradierung und künstlerischer Vergegenständlichung. Indem Arendt historisch-politischen Narrationen und den in ihnen formulierten Urteilen eine die politische Macht begrenzende wie das politische Handeln ermöglichende Funktion zuweist, wird die in *Vita activa* entwickelte Unterscheidung zwischen *praxis* und *poiesis* unterlaufen. Das Politische, das Arendt als selbstzweckhafte, kreativistische und von der instrumentellen Logik des Herstellens gerade strikt unterschiedene freiheitlich-politische Praxis bezeichnet hatte, wird nunmehr an die kulturelle Tätigkeit des »Herstellens« gebunden.

Das Charakteristische von Arendts performativer Theorie des Politischen besteht darin, dass hier mehrere Dimensionen des Performativen verknüpft werden. Zunächst akzentuiert Arendt die expressive Dimension der Darstellung der Person. Handelnd und sprechend offenbaren die Menschen, wer sie sind: Sie »zeigen aktiv die personale Einzigartigkeit ihres Wesens, treten gleichsam auf die Bühne der Welt, auf der sie vorher so nicht sichtbar waren« (VA, 169). Die Performanz expressiven Handelns verschränkt Arendt sodann mit der Performativität des Sprechens als wirkmächtiger Veränderung des Bezugsgewebes der menschlichen Angelegenheiten: Sich wechselseitig versprechend gründen politische Akteure eine neue Ordnung und sprechen dieser Ordnung in Gestalt der Verfassung, die Arendt *com-promissum* im Sinne von Versprechen nennt, eine Verbindlichkeit zu, die die Versprechenden selbst wie ihre Nachfolger darauf verpflichtet, dieses Versprechen zu halten und zu erneuern. Die dem politischen Handeln und Sprechen attestierte performative Macht, Wirklichkeit zu verändern beziehungsweise zu konstituieren, ergänzt Arendt schließlich um die narrative Dimension der Materialisierung politischer Sprech- und Handlungsakte in Gedichten, Geschichten wie in politischen Theorien. Dieses in Narrationen verdichtete und politische Erfahrungen normativ reflektierende Material ist gegenständlicher Teil jenes Bezugsgewebes der menschlichen Angelegenheiten, auf das sich politische Akteure in ihrem Handeln beziehen.[117]

Arendt spricht Dichtung wie Theorie eine ideell-konstitutive Bedeutung für politische Praxis zu, insofern erst durch diese herstellenden Akte der Vergegenständlichung das an sich flüchtige politische Handeln dem Bestand der Welt dauerhaft hinzugefügt wird. Anders als politische Institutionalisierungen, die – wie der Untergang der athenischen Polis oder der römischen Republik bezeugen – ebenfalls dem Verfall ausgesetzt sind, haftet Kunstwerken wie Theorien eine dauerhaftere Beständigkeit an. Sie sind daher in besonderer Weise geeignet, politische Erfahrungen zu tradieren und zu beurteilen. Zwar öffnet Arendt diese Narrationen für kreative politische Rezeptionen und gibt damit das von Dichtern, Historikern und politischen Denkern hergestellte ›Material‹ wieder in den performativ-hermeneutischen Prozess, aber die politische Praxis wird nun unmittelbar mit dem kulturellen Herstellen verschränkt. Das (politische) Handeln und das (kulturelle) Herstellen konstituieren in wechselseitiger Bezogenheit den Raum des Politischen.

In dieser umfassenden Konzeption des Performativen wird weder die Spannung zwischen Politik und Kultur aufgehoben noch der Kampf der Maßstäbe des Herstellens und Handelns entschieden. Der Preis dieser performativen Dynamisierung der Grenzen zwischen artefaktbezogener Herstellung und dem expressiven wie kommunikativ-assoziativen Handeln politischer Akteure ist, dass der normativ-kritische Status politischer Theorie offenbleibt. Einerseits lehnt Arendt den Standpunkt eines privilegierten politisch-philosophischen Blicks auf politische Praxis grundsätzlich ab, andererseits will sie sich nicht auf eine »Demokratisierung« von Theorie einlassen, sondern hält an dem Unterschied zwischen dem Verstehen der politischen Theoretikerin und der hermeneutischen Praxis politischer Akteure fest. Arendt hat damit zwar das »politisch-hermeneutische Problem« in seiner Radikalität erfasst,[118] dass nämlich innerhalb einer performativen Auffassung des Politischen niemand über die Wahrheit verfügt, aber keiner der Wege, die Arendt zur konzeptionellen Bearbeitung vorschlägt, vermag das Problem zu lösen. Auch ihre homerisch inspirierte Aneignung der kantischen Kategorie der »exemplarischen Gültigkeit« (U, 101 f.,110 f.), wonach das am besonderen Einzelfall gewonnene politisch-historische Urteil zum Maßstab der Beurteilung gegenwärtigen politischen Handelns wird, bleibt auf die politische Rezeption angewiesen. Die Rezeptivität als Dimension des Performativen tritt hier noch einmal deutlich hervor. Seine Gültigkeit erlangt das exemplarische Urteil erst dadurch, dass es von politischen Akteuren als Leitbild anerkannt wird.[119]

So besteht die Leistung von Arendts Reflexion des Problems, wie eine hermeneutische Theorie, die sich in ihren Urteilen nur auf eine »subjektive Allgemeingültigkeit« (Immanuel Kant) berufen kann, also »nicht durch Beweisgründe bestimmbar« und demzufolge keine Erkenntnis ist, verbindliche Urteile für die politische Praxis formulieren kann, primär darin, diese Spannung aufrechterhalten und in einer performativen Konzeption von politischer Theorie radikalisiert zu haben. Dieser Konzeption zufolge muss der Theoretiker, wie Arendt im Rekurs auf Kants Theorie der Urteilskraft entwickelt, um die Beistimmung zu seinem Urteil werben, er kann sie nicht erzwingen. Das Werben um Zustimmung schließt freilich den Widerspruch mit ein. Umso erstaunlicher ist es, wie sensibel Arendt auf die öffentliche Kritik an ihren häufig durchaus polemisch formulierten Urteilen reagiert hat. Das betraf nicht nur die große Kontroverse um ihr Eichmannbuch, mit der Arendt ebenso wenig gerechnet hatte, wie sie mit der Wahrnehmung ihrer Person als öffentliche Intellektuelle umgehen konnte, sondern auch den »kleinen Eklat« um ihren Artikel *Little Rock*.[120]

Mit ihrem pointierter Einspruch gegen die zentralstaatlich angeordnete Aufhebung der Rassentrennung an öffentlichen Schulen geriet Arendt »ins Kreuzfeuer der Kritik von schwarzen Bürgerrechtlern wie von weißen Liberalen, weil ihre Differenzierung von sozialer, politischer und privater Diskriminierung für diejenigen, die *Vita activa* nicht gelesen hatten, kaum nachvollziehbar war«[121]. Andere sahen darin einen politischen Konservatismus, der sich gegen die liberale Integrationspolitik der Zentralregierung richtete.[122] David Spitz, der wie der Princeton-Professor Melvin Tumin im Auftrag des *Dissent* eine kritische Erwiderung verfasst hatte, hielt die »saubere Trennung zwischen privaten, sozialen und politischen Angelegenheiten« generell für unbrauchbar.[123] In einem ebenfalls im *Dissent* veröffentlichten Brief warf Sidney Hook Arendt mangelnde Integrität und »schulmeisterliches« Verhalten vor.[124]

Wie sowohl die kleine Debatte um *Little Rock* als auch später die große Kontroverse um den Eichmann-Report zeigen, wurde Arendt als *public intellectual* wahrgenommen und für ihre öffentliche Stellungnahme zu aktuellen Fragen teils massiv kritisiert. Arendt selbst hat sich jedoch nicht in der politischen Rolle einer öffentlichen Intellektuellen gesehen. Sie hat den Begriff des Intellektuellen weitgehend vermieden und ihn als Selbstbezeichnung abgelehnt. Ihre Unterscheidung zwischen dem Verstehen der politischen Theoretikerin und dem Handeln politischer Akteure aufrechterhaltend, unterscheidet sie zwischen dem »Produkt« der kritischen Reflexion, also dem Artikel oder Bericht einschließlich der darin getroffenen Urteile, und der Verfasserin oder Berichterstatterin. Danach wird der Text, gewissermaßen verstanden als ein vom Produzent losgelöstes kulturelles Artefakt, in die öffentliche Debatte gegeben, während die Autorin für sich das Recht in Anspruch nimmt, in der Rolle der vom aktiven Handeln distanzierten, am Rand der politischen Öffentlichkeit stehenden Beobachterin zu verbleiben. Diese Unterscheidung zwischen einer *Public Philosophy*, die absichtsvoll in gesellschaftliche Selbstverständigungsdiskurse interveniert, und ihrer Protagonistin, die die Rolle eines *public intellectual* ablehnt, konnte im Praxistest jedoch nicht überzeugen. In der öffentlichen Debatte um ihren Artikel *Little Rock* und dann in verschärfter Form in der Kontroverse um ihr Eichmannbuch hat Arendt erfahren (müssen), dass sich der öffentliche Widerspruch nicht nur gegen den Text, sondern auch gegen seine Verfasserin wendet.

Dass mit dem Urteil auch die Urteilende selbst zum Gegenstand öffentlich-politischer Diskussionen wird, markiert die offene Flanke von Arendts performativer Theorie des Politischen. Beinahe alles wurde hier bedacht – die Darstellungsqualität politischen Handelns, die Wirklichkeit konstituierende Macht politischen Versprechens, die kreative Interpretationsleistung des Publikums, die Materialität von Gesprochenem, Gehandeltem und narrativ Tradiertem sowie, damit verbunden, die performative Verschränkung von Theorie und Praxis –, aber nicht der öffentliche Status der Intellektuellen Arendt, die selbst spricht, im öffentlich-politischen Raum Stellung bezieht und die sich nicht darauf zurückziehen konnte, die »Fakten der Geschichte« sprechen zu lassen.

5. Kontroverse Rezeptionen

Hannah Arendt ist mittlerweile auf dem besten Weg, zu einer Klassikerin politischen Denkens zu werden. Seit Ende der 1980er Jahre und dann noch einmal verstärkt ab Mitte der 1990er Jahre erfährt ihr Werk eine sehr breite wissenschaftliche und politische Rezeption. Dieses seit zwanzig Jahren nicht abreißende Interesse an einer zu Lebzeiten höchst umstrittenen Denkerin hat ganz erheblich mit dem problemorientierten und interventionistischen Ansatz ihrer politischen Theorie zu tun. Arendt verbindet Ereignis- und Ideengeschichte in einer begriffstheoretisch ambitionierten und zugleich krisendiagnostisch zugespitzten Neuerzählung des Politischen. Politische Phänomene, wie etwa der Niedergang der griechischen Polis, die modernen Revolutionen oder die totalitären Regime des 20. Jahrhunderts, werden aus dem Problemhorizont der Moderne heraus erschlossen. Das heißt, die Rückkehrbewegung auf vergangene politische Ereignisse und deren theoretische Reflexion erfolgt von der Gegenwart aus und bleibt in ihren Urteilen auf die politische und kulturelle Verfasstheit zeitgenössischer Gesellschaften bezogen.

Diese Art, politische Theorie als ein auf die Moderne und ihre Krisenstruktur bezogenes Problemdenken zu betreiben, geht einher mit einer großen Wertschätzung von Ideengeschichte. Allerdings ist Arendts Umgang mit der Tradition politischen Denkens höchst eigenwillig. In der Auswahl ihrer Referenzautoren, wie etwa Aristoteles und Machiavelli oder Homer und Kant, hält sich Arendt nicht an die Konventionen politischer Ideengeschichte oder theoretischer Modellbildung, sondern verknüpft unterschiedliche Theorietraditionen auf eine, freundlich formuliert, originelle Weise. Sie selbst hat ihren unorthodoxen, etablierte Demarkationslinien aufbrechenden Zugriff auf die politische Ideengeschichte als ein »Denken ohne Geländer«[125] bezeichnet. Der Rezeption war damit freilich ein weites Feld für disparate Interpretationen eröffnet. Wolfgang Heuer spricht hier auch von »fragmentarischer Rezeption«, die »teils in einer überwiegenden Ablehnung [bestand], so anlässlich des Eichmannbuchs und während der Studentenbewegung, teils in einer kritiklosen Faszination durch Person und Werk oder zum Teil auch in einer selektiven Nutzung des Arendtschen Denkens zur Untermauerung der eigenen Thesen oder politischen Absichten«[126]. Diese kritische Einschätzung, Arendt werde für ganz unterschiedliche und miteinander um die richtige Deutung der sozialen Welt konkurrierende Theoriemodelle ideenpolitisch vereinnahmt, lässt sich jedoch auch anders beschreiben. Danach ist der von Arendt eröffnete und von ihr selbst geführte Deutungskampf um das Politische abgelöst worden von einem Deutungskampf um Arendt. Aber es sind die von Arendt aufgeworfenen politisch-philosophischen Grundfragen, die in dieser kontroversen Rezeption verhandelt werden: der normative Status antiker Vorbilder für moderne Politik, die These von der Autonomie des Politischen und die Rolle der Öffentlichkeit als Ort politischer Identitätsbildung wie als Austragungsraum politischer Konflikte.

Wie modern ist Arendts Aristotelismus?

Aufgrund ihrer Selbstbezeichnung als Aristotelikerin und ihres deutlichen Aristotelesbezugs vor allem in *Vita activa* wird Arendt in die Tradition des Neoaristotelismus gestellt. Eine Schwierigkeit dieser Zuordnung liegt jedoch bereits darin, dass es sich beim sogenannten Neoaristotelismus um eine umstrittene ideengeschichtliche Konstruktion handelt. So werden unter »Neoaristotelismus« sehr unterschiedliche, zum Teil divergierende Rezeptionsmuster und -inhalte rubriziert. Als Rückgriff auf Aristoteles in einem weiteren Sinne verstanden, kann der Neoaristotelismus inhaltlicher und/oder methodologischer Art sein, er kann als umfassende Vollrezeption betrieben werden oder als nur selektiver Rekurs auf bestimmte Elemente aristotelischen Denkens. Er tritt als konservative Modernekritik auf oder als kreative Wiedererinnerung politischer Urteilsmaßstäbe nach dem Totalitarismus, umfasst sowohl traditionalistische Rückkehrbewegungen als auch moderne Transformationen und bietet gleichermaßen partikularistische wie universalistische Lesarten. Daher spricht Thomas Gutschker in seiner breit angelegten Untersuchung auch von aristotelischen »Denkfiguren«, die zwar bestimmten zeitgeschichtlichen Diskursen zugeordnet werden können, inhaltlich, methodologisch und politisch aber zum Teil sehr kontroverse Positionen enthalten.[127] Bei aller Vielfalt und Divergenz und selbst noch in seinen radikalsten Transformationen ist der Rückgriff auf Aristoteles' politisches Denken jedoch eine besondere Form, in der Ideengeschichte betrieben wird. Damit ist nämlich der grundlegende Zweifel verbunden, dass die Moderne nur aus sich heraus imstande sei, handlungsorientierende Maßstäbe zu gewinnen.

Es war Jürgen Habermas, der Mitte der 1970er Jahre die Diskussion über die Relevanz antiker Vorbilder eröffnete, indem er die Wiederentdeckung von Aristoteles als eine der Moderne nicht angemessene Horizontüberschreitung bezeichnete: »Die Moderne kann und will ihre orientierenden Maßstäbe nicht mehr Vorbildern einer anderen Epoche entlehnen, sie *muß ihre Normativität aus sich selber schöpfen.* Die Moderne sieht sich, ohne die Möglichkeit der Ausflucht, an sich selbst verwiesen.«[128] Habermas prägte auch den Begriff »Neoaristotelismus« und heftete ihm das bis heute nicht verblasste Etikett des Neokonservativen an.[129] Als neokonservativ gilt ihm jene »halbherzige Aussöhnung mit der Moderne«, die den zivilisatorischen Fortschritt bejaht, die kulturelle Moderne jedoch verneint beziehungsweise ihr den Part zuschreibt, Beschleuniger eines gefährlichen Entzweiungsprozesses von Individuum und Gesellschaft zu sein, der seinerseits nur durch einen »aufgeklärten Traditionalismus« kompensiert werden könne.[130]

Auch Arendt fällt zunächst unter den Habermas'schen Verdacht, ein polisnostalgisches Theorieprogramm in polemischer Opposition gegen genuin moderne Positionen entworfen zu haben. Vor allem mit Bezug auf die *Vita activa* und *Über die Revolution* attestiert Habermas ihr einen antiquierten und elitistischen Politikbegriff. In seiner 1966 erschienenen Rezension zur deutschen Ausgabe von *On Revolution* heißt es: »Allein, das Interesse, das Hannah Arendt an dem Phänomen der Revolution bekundet, ist eigentümlich beschränkt. Sie begreift die Revolution als Gründung einer Konstitution der Freiheit, wobei Freiheit schlicht die Teilnahme der Bürger an den Geschäften der Polis meint.« Und etwas später im Text urteilt Habermas über Arendts These, die Französische Revolution sei vor allem an dem Versuch einer politischen Lösung der »sozialen Frage« gescheitert: Arendt macht »die spezifische Verschränkung der Revolution mit dem, was sie im Wortschatz des neunzehnten Jahrhunderts bürgerlich distanziert und zugleich karitativ herablassend ›die soziale Frage‹ nennt, zum Kriterium der Verunreinigung eines rein politischen Vorgangs. Die Institutionalisierung der öffentlichen Freiheit darf mit Konflikten der gesellschaftlichen Arbeit nicht belastet werden, politische Fragen dürfen nicht mit sozialökonomischen vermengt werden. So meinte es Aristoteles, gewiß, und so steht es in den Lehrbüchern der alten Politik. Um uns nun zu überzeugen, daß diese Grundsätze nicht nur historisch geheiligt, sondern der menschlichen Natur gemäß sind, erfindet die Autorin ihre Geschichte von den beiden Revolutionen: einer guten und einer bösen Revolution.«[131]

Habermas belässt es jedoch nicht bei dieser polemisch-kritischen Abgrenzung. So wie es in seiner Pointierung bei Arendt eine gute und eine böse Revolution gibt, so gibt es auch bei Habermas neben einer antiquiert-elitistischen Arendt eine zweite, für die moderne Demokratietheorie durchaus anschlussfähige Arendt. In ihrem 1970 veröffentlichten Essay *Macht und Gewalt* entdeckt Habermas einen eher marxistischen als aristotelischen Praxis-Begriff,[132] von dem aus betrachtet auch die als Polis-Utopie gescholtene *Vita activa* in einem neuen, besseren Licht erscheint. Arendts »ehrwürdige Unterscheidung zwischen poiesis und praxis« gilt nun – zehn Jahre später[133] – nicht mehr als eine Erneuerung der aristotelischen Theorie, sondern formuliert einen »Begriff des Handelns als ›Praxis‹, der die historischen Erfahrungen und die normativen Perspektiven dessen artikuliert, was wir heute partizipatorische Demokratie nennen«[134]. Was Habermas an Arendts Machtbegriff besonders fasziniert, ist die »konsenserzielende Kraft der auf Verständigung gerichteten Kommunikation«: »Die Tragfähigkeit eines in zwangloser Kommunikation herbeigeführten Konsenses bemißt sich nicht an irgendeinem Erfolg, sondern an dem der Rede immanenten Anspruch auf vernünftige Geltung.«[135]

Habermas' positive Rezeption von Arendts Machtbegriff und ihrer Konzeption eines herrschaftsfreien öffentlich-politischen Raums unter kritischer Ausblendung ihres aristotelisch geprägten Politikbegriffs wurde von Seyla Benhabib weiter forciert. So schlägt die Habermasianerin vor, Arendts kommunikativen Handlungsbegriff aus der aristotelisch-republikanischen Verklammerung eines »agonistischen Modells« des öffentlichen Raums herauszulösen.[136] Jenseits einer tendenziell exklusiven politischen Tugend-Gemeinschaft ließe er sich so für eine dialogisch-partizipative Demokratie öffnen, in der nicht nur die von Arendt ausgeschlossenen sozioökonomischen Fragen der Gerechtigkeit zentral verhandelt werden, sondern deren Prinzipien auch auf andere gesellschaftliche und kulturelle Sphären ausgeweitet werden.[137]

Während sich bei Habermas und im gegenwärtigen Diskurs bei Benhabib beobachten lässt, wie Arendt über die Marginalisierung des aristotelischen Ansatzes für das diskursethische Projekt der deliberativen Demokratietheorie vereinnahmt wird,[138] betont Dolf Sternberger gerade das politikwissenschaftliche Potenzial von Arendts aristotelischem Ansatz. Zwar kritisiert Sternberger, dass Arendt den institutionentheoretischen Aristoteles zugunsten des handlungstheoretischen weitgehend ausgeblendet und daher nicht zu erkennen vermocht habe, wie stark die von ihr kritisierte parlamentarische Parteiendemokratie dem alten Ideal der aristotelischen Mischverfassung verpflichtet ist, aber Arendts Aristotelismus wird für ihn gleich in mehrerer Hinsicht anschlussfähig. So rekurriert Sternberger auf die sprachliche Struktur von Arendts politischem Handlungsbegriff wie auf ihre Betonung der Pluralität des Politischen, um von dort aus die Gestalt der »neuen Politie« als Verschränkung von Oligarchie und Demokratie zu konturieren.[139] Zudem avanciert Arendt zur Kronzeugin für seine normativistische Begriffsgeschichte des Politischen, in der die aristotelische »Politologik« gegenüber der machiavellistischen »Dämonologik« als »gute Politik« ausgezeichnet wird, die »den Menschen ebenso möglich wie zuträglich ist«[140].

Einen anderen Anschluss wählt Ernst Vollrath. Zwar behauptet er wie Sternberger und damit gegen Habermas die Modernität von Arendts Aristotelesrezeption, setzt aber zwei deutlich andere Akzente, wenn er den hermeneutisch-konstruktiven und damit dezidiert antimetaphysischen Charakter von Arendts politischer Theorie herausstellt. Zum einen macht er dies an Arendts kreativer Neuaneignung der aristotelischen *phronesis* fest, die für eine moderne Theorie der politischen Urteilskraft fruchtbar gemacht werden kann.[141] Die besondere Leistung Arendts besteht seines Erachtens darin, Tatsachen und Meinungen im Konzept der Urteilskraft vermittelt und damit rationalisiert zu haben: Die politische Urteilskraft beschreibt jenes umfassende Vermögen, das die Pluralität der Meinungen als eigentliches Material des Politischen anerkennt (Gemeinsinn), wie es zugleich die Meinungen im Lichte von Tatsachen beurteilt (Unparteilichkeit). Auf diese Weise wird es möglich, dass diese Vielheit den politischen Bereich vernünftig zu begründen vermag.

Zum anderen verfolgt Vollrath das Ziel, das demokratietheoretische Potenzial Arendts für eine »Theorie des Politischen in seiner Authentizität« zu erschließen.[142] Im Anschluss an ihre Revision politischer Kernbegriffe wie Herrschaft, Macht, Autorität, Freiheit[143] attestiert er Arendt einen »zivilpolitischen Typ der Wahrnehmung des Politischen«, der nicht beim Staat, sondern bei der Verfassung ansetzt. Dieser zivilpolitische Typ hat in seiner ersten Bestimmung »das Verhältnis der Bürger zueinander und zu ihrer dadurch konstituierten Gemeinsamkeit zum Gegenstand«[144] und ist im Weiteren durch das Verhältnis von Urteilskraft und Meinung in ihrer weltlichen Pluralität bestimmt. Dadurch werde ein Begriff des Politischen befördert, der differenzielle Gemeinsamkeit durch Teilhabe im Modus des Öffentlichen fasst. Für Vollrath gibt Arendt damit eine qualifizierte Antwort auf die Frage, welche Gestalt der Demokratie unter den Bedingungen der Moderne die einzig authentische und reale ist: nämlich die der »differenzrepräsentativen republikanischen Verfassungsdemokratie«[145].

Mit seiner Deutung von Arendt als Protagonistin eines zivilpolitischen Republikanismus hat Vollrath nicht nur der Auffassung von Habermas und Benhabib widersprochen, wonach ihr tendenziell elitistischer Republikanismus für die Moderne deliberativ umgewidmet werden müsse. Er vertrat zudem eine Gegenposition zu jenen Lesarten, die in Arendts neoaristotelischer Rehabilitierung der Praxis eine Marginalisierung moderner Errungenschaften wie Gesetzgebung, Repräsentation und die Bindung an Institutionen sehen.[146] Schließlich verweist seine Reformulierung von Arendts umstrittener Autonomie-These als »Theorie des Politischen in seiner Authentizität« auf die demokratietheoretische Rezeption von Arendt im Kontext der Debatten um die Zivilgesellschaft. Damit sind drei Stränge der aktuellen Rezeption umrissen, die gegen den prominent von Hauke Brunkhorst revitalisierten Einwand, Arendt verteidige ein elitäres Politikverständnis, das mit einem modernen Egalitarismus nicht in Einklang gebracht werden könne,[147] die demokratische Anschlussfähigkeit ihres »freiheitlichem Republikanismus« (Thorsten Bonacker) behaupten.

Demokratie oder Republik

Die kontrovers bleibende Frage nach der Modernität und dem demokratietheoretischen Potenzial von Arendts Republikanismus entscheidet sich ganz wesentlich daran, welches Gewicht der aristotelisch geprägten *Vita activa* gegenüber der Totalitarismusstudie und dem Revolutionsbuch beigemessen wird. So perspektivieren zivilgesellschaftliche Rezeptionen Arendts »new republicanism«[148] als modernes Projekt, das in Reflexion auf die Erfahrungen totalitärer Herrschaft entwickelt wird. Claude Lefort[149] und Marcel Gauchet[150] zufolge wird die konflikthafte zivile Gesellschaft zum konkreten Ort politischer Machtausübung, während der Staat zwar über die Gewaltmittel verfügt, aber gerade deshalb weder symbolisch noch faktisch die Macht repräsentiert beziehungsweise repräsentieren sollte. Daran schließt die zivilgesellschaftliche Demokratietheorie an.[151] Arendts Diagnose von der Fragilität öffentlich-politischer Freiheit in der Moderne aufgreifend, wird die Stabilität der republikanischen Demokratie an eine vitale Zivilgesellschaft gebunden. Die republikanisch-demokratische Verfassung stellt demnach den institutionellen Rahmen für eine öffentlich-politische Streitkultur bereit, ist aber in ihrem weiteren Bestand darauf angewiesen, dass zivilgesellschaftliche Initiativen den öffentlichen Raum gegen totalitäre Versuche seiner Schließung verteidigen.

Eine ungewöhnliche Lesart von Arendts nach wie vor umstrittener These der Autonomie des Politischen bietet Dick Howard. Er nutzt die von Arendt favorisierte Komplementarität von liberaler Rechtsstaatlichkeit und republikanisch verfasster Zivilgesellschaft zur Abgrenzung einer »republikanischen Demokratie« von einer »demokratischen Republik«. Die Pointe dieser Unterscheidung besteht in einer Vereindeutigung dessen, was Arendt den »verlorenen Schatz« der Revolutionen genannt hatte. Dieser sollte Howard zufolge nicht missverstanden werden als Begeisterung für die unmittelbare Demokratie, sondern als Verteidigung eines republikanischen Raums zwischen autonomen Individuen, die ihre Urteile aufstellen und reflexiv argumentierend in der Öffentlichkeit begründen. Voraussetzung dafür sei jedoch gerade die Unterscheidung zwischen dem Politischen und dem

Sozialen, wobei Howard hier zur Bedingung macht, dass das Politische mit der modernen, repräsentativen Republik zusammenfällt: Nur wenn die Gesellschaft plural und autonom, also jenseits politischer Zugriffe, als vom Politischen distinkter Bereich organisiert ist, können politische Debatten überhaupt erst entstehen. Und nur wenn die Volkssouveränität das konstitutive Prinzip aller Institutionen der Verfassung bleibt, aber in keiner einzigen allein verkörpert ist, besteht ein wirksamer Schutz gegen die (totalitäre) Entartung der Demokratie, bei der ein Organ, eine Partei oder eine Interessengruppe für die ganze Gesellschaft sprechen kann.[152]

Mit seiner originellen Adaption der Arendt'schen Unterscheidung zwischen dem Politischen und dem Sozialen hat Howard das Repräsentationsverständnis der Federalists gewürdigt und die Offenheit der amerikanischen Verfassung für außerkonstitutionelle politische Interventionen betont. Zugleich widerspricht er damit der radikaldemokratischen Arendt-Rezeption, wie sie prominent von Oliver Marchart vertreten wird.

Marchart verteidigt Arendt gegen den immer wieder aufs Neue variierten Einwand, sie sei aufgrund ihrer Fixierung auf das politische Ideal der Polis und wegen ihres »methodologischen Nationalismus«, also dem Festhalten am modernen Nationalstaat als normativer Folie sowohl des politischen als auch des gesellschaftlichen Zusammenlebens, systematisch weder imstande, das politische Potenzial moderner Emanzipationsbewegungen angemessen zu würdigen, noch lasse sich mit ihr die sich herausbildende Weltgesellschaft verstehen.[153] Geradezu emphatisch behauptet er die Aktualität von Arendt für eine »republikanisch gefasste Theorie radikaler Demokratie«[154].

Marchart liest *Über die Revolution* als »politisches Manifest«, das für die Reaktivierung des revolutionären Gründungsmoments gerade nicht auf nationalstaatlicher Ebene ansetze, sondern das

Problem der politischen Relationierung von Institution und Initiative über die Idee der Elementarrepubliken löse.[155] Zudem erkennt Marchart in Arendts Infragestellung des Territorialitäts- wie des Nationalitätsprinzips die Möglichkeit, ihr Föderalismusmodell zum allgemeinen Modell einer »demokratisch-republikanischen Verknüpfungslogik« zu universalisieren,[156] das für gegenwärtige politische Projekte anschlussfähig ist. Dazu muss jedoch die plural-agonale Forumsöffentlichkeit, wie sie gegenwärtig die sogenannten Sozialforen darstellen, in denen unterschiedlichste Protestformationen, NGOs, politische Akteure, Gewerkschaften und Individuen zusammenkommen, ergänzt werden um eine zweite »antagonistische Barrikaden-Öffentlichkeit«. In ihr sind jene Protestformen versammelt, die im Kampf gegen die nationalen wie internationalen Kräfte der ökonomischen Globalisierung die inhaltlichen Positionen der politischen Bewegung in der Forumsöffentlichkeit erst sichtbar machen.[157]

Gegenüber Marcharts radikaldemokratischer Lesart, »Arendt mit (und gegen) Arendt neu zu denken«,[158] verfolgen Thorsten Thiel und Christian Volk das Ziel, Arendt für einen »Republikanismus des Dissenses« fruchtbar zu machen. In ideengeschichtlicher Perspektive verknüpfen sie Arendts und Leforts freiheitlich-zivilgesellschaftlichen Republikanismus mit dem rechtezentrierten neorömischen Republikanismus der Cambridge-School um Quentin Skinner.[159] Arendt wird hier explizit nicht als Aristotelikerin verstanden, sondern in die römische Tradition eines stärker institutionentheoretisch ausgerichteten Republikanismus gestellt. Dieser Lesart zufolge muss durch den Schutz von Beteiligungsformen, wie ihn Rechtsstaatlichkeit, Verfassung und Gewaltenteilung garantieren, sowie über den Ausbau lokaler und föderaler Beteiligungselemente die Pluralität im politischen Prozess reproduziert werden, um die freiheitlich-republikanische Demokratie zu erhalten.[160] Der von Arendt inspirierte Republikanismus des

Dissenses beansprucht, radikaldemokratische mit deliberativen Ansätzen zu verbinden. Danach sollen die Institutionenaversion von Konzeptionen agonaler Demokratie überwunden und zugleich die Einseitigkeiten deliberativer Modelle vermieden werden, die zugunsten substanzieller, normativ auf Konsens ausgerichteter Verständigungsmöglichkeiten die symbolische und emotionale Dimension von Politik ausblenden.[161]

Identität und Performativität

Eine widerspruchsfreie Etikettierung von Arendts Denken als aristotelisch, republikanisch oder demokratietheoretisch ist ebenso schwierig wie ihre ideologische Einordnung als Liberale, Konservative oder Linke. Je nach Gewichtung ihrer Werke und der in ihnen jeweils verhandelten Themen und ideengeschichtlichen Bezüge erscheint Arendt den Einen als Revitalisiererin eines aristotelischen Handlungsbegriffs von Politik, den Anderen als in der Tradition von Rom und Philadelphia stehende Institutionentheoretikerin, wieder Andere bestreiten die Sinnhaftigkeit dieser Unterscheidung und betonen Arendts Verknüpfung unterschiedlicher Theorietraditionen.

Dass der Deutungskampf mit Arendt zu einem Deutungskampf um Arendt geworden ist, zeigt sich auch in der seit geraumer Zeit geführten Debatte um den essenzialistischen respektive performativen Charakter ihrer politischen Theorie. In dieser auf den ersten Blick metatheoretischen Diskussion geht es um sehr grundsätzliche politische Fragen: um die Herstellung politischer Identität, um das menschliche Vermögen, die Wirklichkeit der Welt anders zu denken und handelnd zu verändern sowie um die Konfliktbearbeitungskompetenz und Selbstbindungsfähigkeit demokratischer Politik.

Ausgangspunkt dieser Kontroverse ist Arendts in *Vita activa* formulierte These, dass wir über das, »was wir sind«, keine Aussagen treffen können, wohl aber darüber, »wer wir sind«, insofern wir uns im Sprechen und Handeln mit und vor Anderen »enthüllen« (VA, 17, 28, 169 ff.). Nun ist diese Rede von der »Enthüllung« der Person im Handeln und Sprechen mehrdeutig: Ist damit eine dem politischen Prozess vorgängige Identität gemeint oder wird Identität im sprachlich verfassten politischen Handlungsakt erst hergestellt oder erfolgt die Identitätskonstruktion erst durch die narrative Rezeption? Es lassen sich hier drei konträre Lesarten unterscheiden: eine essenzialistische, eine performative und eine davon noch einmal abzugrenzende narrative.

In ihrer kritischen Relektüre der Arendt-Rezeption wendet sich Teresa Orozco grundsätzlich gegen demokratietheoretische, »Arendts elitäre Politikauffassung« unterschlagende[162] Lesarten, vor allem aber kritisiert sie die performative Umdeutung von Arendt durch Bonnie Honig. Im Anschluss an Maurizio Passerin d'Entrèves' Kritik, Arendt schwanke zwischen einem expressiven und einem kommunikativen Handlungskonzept,[163] attestiert Orozco Arendt eine essenzialistische Identitätsauffassung: »Der Vorgang einer ›Enthüllung‹ geht von einer präformierten ›Subjektivität‹ aus, also davon, daß die einzigartigen Eigenschaften einer Person immer schon existieren. Dieser Vorgang ist von Arendt grundsätzlich essentialistisch gedacht und von Passerin d'Entrèves treffend als der ›expressive Charakter‹ der Arendtschen Handlungskonzeption bezeichnet worden«.[164] Demgegenüber stelle Honigs Versuch, Arendts tendenziell antidemokratische Trennungen, wie die zwischen privat und öffentlich oder zwischen dem Sozialen und dem Politischen, performativ aufzulösen, eine das »Textmaterial« frei modellierende Hermeneutik dar, die eben das praktiziere, was begründet werden soll: den Primat des Performativen.[165]

Honig hat sich vehement gegen essenzialistische Deutungen gewendet, aber auch in performative und essenzialistische Ansätze vermittelnden Lesarten eine Verleugnung von Arendts Agonismus gesehen. Im Rückgriff auf John Austins Sprechakttheorie reinterpretiert sie Arendts agonales Handlungsmodell als performative Herstellung einer im Kampf mit anderen Deutungen neu entstehenden und zugleich immer wieder aufs Neue herausgeforderten Wir-Konstruktion.[166] Dabei besteht Honig auf dem selbst-beschränkenden und selbst-korrigierenden Charakter des Agonismus und erschließt von dort aus das demokratietheoretische Potenzial von Arendts politischer Theorie.[167] In dieser Zuspitzung, vor der Tat existiere weder eine individuelle noch eine politische Identität und das, was Gegenstand des Politischen ist, werde im Akt des Sprechens, Gegensprechens und Darübersprechens erst konstruiert, wird Arendt allerdings derart in die Nähe einer politischen Theorie der Dekonstruktion gerückt, dass die Verbindlichkeit, die Arendt der Verfassung als ein auf die Zukunft hin entworfenes Versprechen zuweist, weitgehend aus dem Blick gerät.

Eine die körperliche Dimension akzentuierende Lesart von Arendts performativer Handlungstheorie bietet Judith Butler in ihrem Buch *Anmerkungen zu einer performativen Theorie der Versammlung*. Die Radikaldemokratin sieht bei Arendt einen Machtbegriff angelegt, der die kreativistische Dimension kollektiven und pluralen Protesthandelns betont. So kritisiert Butler zwar, dass Arendt in ihrer von der klassischen griechischen Polis als auch von der römischen Idee des öffentlichen Platzes geprägten Auffassung der Rechte der Versammlung sozio-ökonomische Fragen aus dem politischen Bereich ausschließe,[168] betont aber, dass Arendt den öffentlich-politischen Raum als einen »transponiblen Ort« konzipiere, der durch das plurale Handeln erst hervorgebracht wird.[169] Butler erweitert die auf sprachliche Akte der performativen Herstellung von Wirklichkeit fokussierte Sprechakttheorie von John Austin um Arendts komplexere performative Auffassung, wonach das Subjekt gerade nicht souverän ist, sondern ein »relationales und soziales Wesen« darstellt, das in ein »Bezugsgewebe« eingebunden ist, welches durch ein körperlich in Erscheinung tretendes Handeln und Sprechen reinterpretiert und damit auf spontane, nicht-vorhersehbare Weise verändert wird.[170] In Butlers performativer Theorie machen »Körper, wenn sie sich auf Straßen, Plätzen oder in anderen öffentlichen Räumen (einschließlich virtuellen) versammeln, ein plurales und performatives Recht zu erscheinen geltend [...], das den Körper in die Mitte des politischen Feldes rückt und das« – wie Butler mit Arendt und zugleich gegen Arendt argumentierend hinzufügt – »in seiner expressiven und bezeichnenden Funktion eine leibliche Forderung nach lebenswerteren wirtschaftlichen, gesellschaftlichen und politischen Bedingungen darstellt, die nicht mehr durch von außen auferlegte Formen der Prekarität erschwert werden.«[171]

Auch Dana Villa betont den transformativen Charakter von Arendts agonistischer Handlungstheorie. Im Gegensatz zur essenzialistischen Deutung von Passerin d'Entrèves sieht er in der expressiv-agonalen Dimension ein performatives und damit anti-essenzialistisches Modell politischen Handelns angelegt. Zugleich betont er die institutionellen Begrenzungen, die Arendt gegen einen rein performativen Agonismus vorbringe.[172] Villa wendet sich damit gegen Ansätze agonistischer Demokratie, die allein auf das Selbstbegrenzungspotenzial politischer Konfliktaustragung abstellen, wie sie Bonnie Honig im Anschluss an Arendt und Chantal Mouffe in Abgrenzung zu Arendt entwickeln.[173]

Benhabib lehnt wie Villa rein anti-essenzialistische Lesarten ab, hält aber dessen Begriff der »Performativität« für untauglich. Sie unterscheidet stattdessen zwischen einem agonalen, in der republikanischen Tradition des guten Lebens stehenden Handlungsmodell und einem narrativen Modus der Identitätsbildung. Während die agonale Dimension auf Arendts essenzialistische Politikauffassung verweise, insofern sich hier ein dem politischen Prozess »vorgängiges Wesen« enthülle, werde mit der narrativen Dimension die kommunikative Konstruktion von Identität angesprochen: »Anders als Dinge und natürliche Gegenstände leben Handlungen nur in der Erzählung derer, die sie vollziehen, und in der Erzählung derer, die sie verstehen, interpretieren und sich an sie erinnern. Diese narrative Struktur des Handelns bestimmt auch die Identität des Selbst. [...] Die narrative Struktur des Handelns und der menschlichen Identität bedeutet, daß die unablässige Nacherzählung der Vergangenheit, die andauernde Wiedereingliederung der Vergangenheit in die Geschichte (story) der Gegenwart, ihre ständige Neubewertung, Neueinschätzung und Neuordnung ontologische Bedingungen für die Art von Wesen bilden, die wir sind.«[174] Diese narrative Dimension, so wendet Benhabib gegen Villa ein, könne über Performativität nicht erklärt werden, insofern darüber nur die Expressivität, also der Darstellungscharakter politischen Handelns erfasst werde, nicht aber die kommunikative Rezeption dieser Darstellung durch das Bürger-Publikum.

In ihrer Ablehnung der performativen Dimension zugunsten der Differenzierung zwischen einem agonalen Handlungsmodell, das essenzialistisch und republikanisch zu verstehen sei, und einem narrativen, das den intersubjektiven und demokratischen Charakter politischen Handelns betone, übersieht Benhabib jedoch den grundsätzlich performativen Charakter von Arendts dramaturgischer Handlungstheorie. Danach enthält bereits das agonal-expressive Handeln eine performative Dimension, da die Akteure auf der öffentlichen Bühne ihre personale Identität erst in der Darstellung der Differenz zu Anderen erfahren. Bei dieser von Arendt allein im öffentlich-politischen Raum verorteten Differenz-Erfahrung wird die Kontingenz des ›eine Erfahrung-*Machens*‹ gegenüber des ›eine Erfahrung-*Habens*‹ betont. Das heißt, politische Akteure, die sich handelnd und sprechend auf der öffentlichen Bühne, also in Interaktion mit Anderen und vor Publikum, darstellen, erfahren nicht ihr wie auch immer geartetes natürliches ›Selbst‹, sondern machen die neue Erfahrung, eine öffentliche Person zu sein, die mit der Privatperson nicht identisch ist.

Tritt bereits auf der expressiv-agonalen Ebene der performative Ansatz von Arendts Theorie des Politischen deutlich hervor, so gilt dies umso mehr für die kommunikativ-assoziative Dimension politischen Handelns. Die gemeinsame Beratung und Entscheidungsfindung wird von Arendt als ein performativ-hermeneutischer Prozess konzeptionalisiert, innerhalb dessen die Akteure etablierte politische Strukturen und tradierte kulturelle Wahrnehmungskategorien des Politischen auf originelle Weise reinterpretieren und darüber das Bezugsgewebe der menschlichen Angelegenheiten nachhaltig verändern. Zu dem Bezugsgewebe gehört die sinnstiftende Tradierung politischen Handelns seitens des am politischen Handeln selbst nicht beteiligten Chores der Berichterstatter, Geschichtenerzähler und politischen Theoretiker. Arendt verschränkt diese narrativ-mnemotische Dimension unmittelbar mit der performativen Dimension der Rezeption. Danach erlangt das in Narrationen verdichtete und normativ reflektierte Material seine Wirkmächtigkeit erst dadurch, dass es von politischen Akteuren anerkannt und auf kreative Weise reinterpretiert wird. – Über diese performative Verschränkung der agonal-expressiven und der kommunikativ assoziativen Dimension politischen Handelns mit der narrativen Tradierung politischer Erfahrungen und deren Rezeption im öffentlich-politischen Raum entwirft Arendt eine Theorie des Politischen, die das emanzipative Potenzial politischer Interpretation gegen die (Selbst-)Gefährdungen demokratischer Politik stellt.

Anhang

Dank

Für das Buchprojekt »Hannah Arendt zur Einführung« habe ich viel Zuspruch und große Unterstützung erfahren. Mein Dank gilt insbesondere Susann Kästner und Vincent Rzepka, die das gesamte Manuskript durchgesehen und kritisch kommentiert haben. Für die Lektüre einzelner Kapitel danke ich Maja Bächler, Eva Marlene Hausteiner, Sebastian Lange, Marco Walter und Felix Wassermann. Von ihren vielen Hinweisen, Ratschlägen und klugen Einwänden hat das Buch sehr profitiert. Ausdrücklich bedanken möchte ich mich auch bei den Studentinnen und Studenten der Humboldt-Universität zu Berlin, die an meinen Seminaren zu Arendts politischer Theorie sowie an dem Projektseminar »Performativität und Politik« teilgenommen haben. Ihre hartnäckigen und kritischen Nachfragen waren ein wichtiges Korrektiv und zugleich Ansporn, problematische Punkte klarer zu formulieren. Ein Dank anderer Art gebührt schließlich meinen Eltern Peter und Renate Straßenberger, meiner Schwester Heike Fox und meinem Mann Peter Kaufmann.

Anmerkungen

1 Hannah Arendt, Vorwort: Die Lücke zwischen Vergangenheit und Zukunft, in: dies., Zwischen Vergangenheit und Zukunft. Übungen im politischen Denken I, hg. von Ursula Ludz, München 1994, S. 7–19, S. 18.

2 Arendt in einem Brief an Sigmund Neumann am 15. 8. 1961, zitiert nach Wolfgang Heuer, Hannah Arendt, Reinbek bei Hamburg 1995, S. 57f.

3 Hans Mommsen, Hannah Arendt und der Prozeß gegen Adolf Eichmann, in: Hannah Arendt, Eichmann in Jerusalem. Ein Bericht von der Banalität des Bösen, Leipzig 1990, S. 5–48, S. 14f.

4 Im Anschluss an Richard J. Bernstein, Arendt habe mit dem »radikal Bösen« die Taten, also den Prozess der sukzessiven Überflüssigmachung von Menschen bis hin zur Auslöschung ihres Lebens gemeint, während der Begriff der »Banalität des Bösen« auf die Mentalität der Täter abstellt, hat Julia Schulze Wessel die These vertreten, dass Arendt in *Eichmann in Jerusalem* die Überlegungen aus *Elemente und Ursprünge totaler Herrschaft* weiterentwickelt. Sie widerspricht damit jenen Interpretationen, die einen Widerspruch zwischen beiden Arbeiten konstatieren (Julia Schulze Wessel, Ideologie der Sachlichkeit. Hannah Arendts politische Theorie des Antisemitismus, Frankfurt/M. 2006, S. 13, 20).

5 So bezeichnet etwa Bernhard Crick Hannah Arendt als Historikerin der Vergangenheit ohne methodische Schulung: »Alle ihre Bücher, mit Ausnahme von *Macht und Gewalt*, könnten wesentlich kürzer sein. Der theoretische Kern ist klar, aber die vielen Beispiele erwecken den Eindruck, daß hier Geschichtsschreibung vorliege, und führen zu simplen und auf der Hand liegenden Einwänden der Empiriker« (Bernhard Crick, Rückblick auf »Elemente und Ursprünge totaler Herrschaft«, in: Adelbert Reif (Hg.), Hannah Arendt. Materialien zu ihrem Werk, Wien/München/Zürich 1979, S. 217–238, S. 234). – Zur Rezeption von Arendts Totalitarismusstudie siehe auch den knappen Über-

blick von Étienne Tassin, Totalitarismus, in: Wolfgang Heuer/Bernd Heiter/Stefanie Rosenmüller (Hg.), Arendt-Handbuch. Leben – Werk – Wirkung, Stuttgart/Weimar 2011, S. 382–385.

6 So Arendt in »A Reply (to Eric Voegelin)«, hier zitiert nach Seyla Benhabib, Hannah Arendt. Die melancholische Denkerin der Moderne, Hamburg 1998, S. 148.

7 Kurt Sontheimer, Hannah Arendt. Der Weg einer großen Denkerin, München/Zürich 2013, S. 70.

8 Zu Arendts fragmentarischer Geschichtsschreibung im Anschluss an Walter Benjamin vgl. Seyla Benhabib, Hannah Arendt. Die melancholische Denkerin der Moderne, a.a.O., v.a. S. 146–153, sowie Ingeborg Nordmann, Hannah Arendt, Frankfurt/M. 1994, v.a. S. 50–60.

9 Dieses paradoxe Anliegen spiegelt sich sowohl in Arendts Suche nach einem passenden Titel wider als auch in den mehrfach überarbeiteten und ergänzten Ausgaben des Totalitarismusbuchs (Thomas Wild, Hannah Arendt, Frankfurt/M. 2006, S. 76). Arendt publizierte ihre Studie erstmals 1951 in New York mit dem Titel *Origins of Totalitarianism.* Im gleichen Jahr erschien eine britische Ausgabe unter dem Titel *The Burden of our Time.* Die deutsche Ausgabe *Elemente und Ursprünge totaler Herrschaft*, die 1955 in der Europäischen Verlagsanstalt erschien, wurde von der Autorin selbst übertragen und zuteilen neu bearbeitet. Erst 1980 wurde das Buch in die Serie Piper aufgenommen, wo heute (fast) alle Schriften Arendts veröffentlicht sind. Das heißt, der deutsche und der englische Text sind nicht identisch. Zudem fügte Arendt der deutschen Ausgabe das letzte Kapitel »Ideologie und Terror: eine neue Staatsform« hinzu, das dann auch in die zweite erweiterte englischsprachige Ausgabe von 1958 aufgenommen wurde.

10 Hauke Brunkhorst, The Origins of Totalitarianism / Elemente und Ursprüngen totaler Herrschaft, in: Wolfgang Heuer/Bernd Heiter/Stefanie Rosenmüller (Hg.), Arendt-Handbuch, a.a.O., S. 35–42, S. 35.

11 Mit der von Max Weber übernommenen Kategorie des »Paria« sowie der im Anschluss an den jüdischen Journalisten und Dreyfusiard Bernard Lazare entwickelten Gegenüberstellung von »Paria« und »Parvenu« (VT, 60 ff.) beschreibt Arendt sowohl das soziale Phänomen gesellschaftlicher Ausgrenzung als auch die subjektive Dimension der bewussten Entscheidung, als Paria außerhalb der Gesellschaft blei-

ben zu wollen oder als Parvenu Zutritt zu einer Gesellschaft erlangen zu wollen, »wo man – in der unübertrefflichen Formulierung von Karl Kraus – ›nur unter der Bedingung geduldet wird, daß man entweder seine jüdische Abstammung verschweigt oder mit dem Geheimnis der Herkunft auch deren Geheimnis verrät‹« (EU, 128). Die hier auf die besondere Problematik jüdischer Menschen im Zeitalter der Emanzipation und Assimilation bezogene Paria-Parvenu-Begrifflichkeit hat Arendt in anderen Kontexten verallgemeinert und damit eine Existenzweise der bewussten Verweigerung und des Nonkonformismus bezeichnet (vgl. dazu Nordmann, Hannah Arendt, a.a.O., S. 15–26).

12 Annette Vowinckel, Hannah Arendt, Leipzig 2006, S. 27.

13 Arendt zitiert hier den politischen Denker und englischen Parlamentarier Edmund Burke (EU, 713). Dieses Burke-Zitat findet sich weder in der britischen noch in der amerikanischen Ausgabe, sondern wurde nur in die deutsche Übertragung aufgenommen, weil, wie Arendt in einem Brief an Karl Jaspers bemerkt, die Deutschen im Gegensatz zu den Amerikanern und Engländern von der Qualität politischen Handelns und politischer Freiheit wenig wüssten (BmJa, 165).

14 Zu Arendts Burke-Rezeption siehe Harald Bluhm, Edmund Burke, in: Wolfgang Heuer/Bernd Heiter/Stefanie Rosenmüller (Hg.), Arendt-Handbuch, a.a.O., S. 211–213.

15 Im zweiten Band von *Über die Demokratie in Amerika* bezeichnet Tocqueville Individualisierung als Prozess einer wachsenden und unumkehrbaren Freisetzung der Gesellschaftsmitglieder von traditionellen Bindungen und Abhängigkeitsverpflichtungen, der gleichwohl nicht als Zugewinn an individueller Autonomie und selbstverantwortlicher Lebensführung betrachtet wird, sondern als Steigerung zwischenmenschlicher Indifferenz und tendenzieller Vereinzelung und Vereinsamung (Alexis de Tocqueville, Über die Demokratie in Amerika, Bd. 2, Zürich 1987, v.a. S. 147ff.).

16 Verlassenheit meint nicht Vereinzelung oder gar Einsamkeit: »In der Verlassenheit sind die Menschen wirklich allein, nämlich verlassen nicht nur von anderen Menschen und der Welt, sondern auch von dem Selbst, das zugleich jedermann in der Einsamkeit sein kann.« (EU, 729)

17 Zur Funktions- und Wirkungsweise von Ideologien siehe v. a. EU, 717 ff.

18 Der Artikel erschien 1950 unter dem englischen Titel »Social Science Technique and the Study of Concentration Camps« im Journal *Jewish Social Studies*, wurde 1989 von Eike Geisel ins Deutsche übersetzt und unter dem Titel »Die vollendete Sinnlosigkeit« in die von Eike Geisel und Rolf Bittermann herausgegebene Essay-Sammlung *Nach Auschwitz* aufgenommen und dann 1991 wiederabgedruckt in dem ebenfalls von Geisel und Bittermann herausgegebenen Aufsatzband *Israel, Palästina und der Antisemitismus. Aufsätze.* Aus dieser Ausgabe wird im Folgenden zitiert.

19 Hannah Arendt im Gespräch mit Joachim Fest: »Eichmann war von empörender Dummheit«. Hannah Arendt – Joachim Fest: Die Rundfunksendung vom 9. November 1964, in: Hannah Arendt/Joachim Fest, Eichmann war von empörender Dummheit. Gespräche und Briefe, hg. von Ursula Ludz und Thomas Wild, München/Zürich 2011, S. 36–60, S. 44.

20 In einem Brief an Karl Jaspers vom 23. Dezember 1960 schreibt Arendt, sie habe die Befürchtung, »daß Eichmann [...] demonstrieren wird, in welchem ungeheuren Ausmaß die Juden mitgeholfen haben, ihren eigenen Untergang zu organisieren. Dies ist zwar eine nackte Wahrheit, aber diese Wahrheit, wenn sie nicht wirklich erklärt wird, könnte mehr Antisemitismus erregen als zehn Menschenraube. Es ist leider eine Tatsache, daß Herr Eichmann persönlich keinem Juden ein Haar gekrümmt hat.« (BwJa, 453)

21 Joachim C. Fest, Das Mädchen aus der Fremde: Hannah Arendt und das Leben aus lauter Zwischenstationen, in: ders., Begegnungen: Über nahe und ferne Freunde, Reinbek bei Hamburg 2004, S. 176–214, S. 180. Zur Kontroverse unter jüdischen Autoren und Autorinnen siehe Norman Fruchter, Arendt's Eichmann and Jewish Identity, in: James Weinstein/David W. Eakins, For a new America – Essays in History and Politics from Studies on the Left 1959–1967, New York 1970, S. 423–454; einige der wichtigsten Kritiken und Kommentare sind enthalten in: Die Kontroverse. Hannah Arendt, Eichmann und die Juden, München 1964; zu Rezeptionen des Eichmannbuchs siehe auch Gary Smith (Hg.), Hannah Arendt Revisited: »Eichmann in Jerusalem« und die Folgen, Frankfurt/M. 2000, sowie Ursula Ludz/

Thomas Wild, Einleitung, in: Hannah Arendt/Joachim Fest, Eichmann war von empörender Dummheit, a.a.O., S. 7–35. Einen sehr guten Überblick der Kontroverse bietet auch Julia Schulze Wessel in der Einleitung ihrer Studie *Ideologie der Sachlichkeit. Hannah Arendts politische Theorie des Antisemitismus*, Frankfurt/M. 2006, S. 7–27.

22 Elisabeth Young-Bruehl hat in Bezug auf die vom Judenrat für Deutschland und der Antidiffamierungsliga »organisierten« Angriffe auf Arendt auch vom *point of no return* in der Eichmann-Kontroverse gesprochen. Arendt und ihrem Buch wurde »der Krieg erklärt«. So gab die Antidiffamierungsliga ein »Bulletin mit einer Darstellung von *Eichmann in Jerusalem* heraus, einer oberflächlichen Zusammenfassung der strittigsten Punkte des Textes, einer [englischen] Übersetzung der Verlautbarung des Judenrats für Deutschland und einem Auszug aus dem hirnlosesten Angriff der ganzen Affäre, einem Text aus dem *Jewish Floridian*, der die Eigenarten Arendts darauf zurückführte, daß sie sich im Umkreis des *New Yorker* herumtrieb. Die Antidiffamierungsliga hatte keine Skrupel, diese Informationen ›für Rezensionen und ähnliches [sic]‹ zu empfehlen, ›wenn das Buch erscheint‹.« (Elisabeth Young-Bruehl, Hannah Arendt. Leben, Werk und Zeit, Frankfurt/M. 1991, S. 478)

23 Gary Smith, Einsicht aus falscher Distanz, in: ders. (Hg.), Hannah Arendt Revisited, a.a.O., S. 7–13, S. 7.

24 Ebenda, S. 8.

25 Ebenda, S. 10.

26 Dan Diner, Hannah Arendt Reconsidered: Über das Banale und das Böse in ihrer Holocaust-Erzählung, in: Gary Smith (Hg.), Hannah Arendt Revisited, a.a.O., S. 120–135, S. 129.

27 Die Einschätzung, Arendt hätte mit der Wendung von der »Banalität des Bösen« auf den »Eichmann in uns« aufmerksam gemacht, ist bisweilen auch zustimmend geäußert worden, so etwa von Christian Bay. Auf einer Konferenz in Toronto spricht er Arendt direkt darauf an, dass er ihre Wendung als Herausforderung an die politische Erziehung versteht. Arendt stellt daraufhin unmissverständlich klar, dass sie keineswegs behauptet habe, dass es in jedem von uns einen Eichmann gäbe (Diskussion mit Freunden und Kollegen in Toronto, in: Hannah Arendt, Ich will verstehen. Selbstauskünfte zu Leben und Werk, hg. von Ursula Ludz, München 1996, S. 71–113, S. 77 ff.).

28 Arendt bezeichnet Eichmann häufig als »komisch«: »Komisch ist auch Eichmanns heldenhafter Kampf mit der deutschen Sprache, in dem er regelmäßig unterlag – so, wenn er immer wieder von ›geflügelten Worten‹ sprach, aber Redensarten oder Schlagworte wie zum Beispiel Himmlers Neujahrsparolen meinte, oder wenn er im deutsch geführten Kreuzverhör dem Vorsitzenden erklärte, er habe ›kontra gegeben‹, als Sassen ihn drängte, seine Geschichte ein bißchen aufzufrisieren. Richter Landau, offensichtlich unvertraut mit den Mysterien des Kartenspiels, verstand den Ausdruck nicht, aber Eichmann fiel beim besten Willen kein anderes Wort ein. Komisch sind auch die endlosen Sätze, die niemand verstehen kann, weil sie ohne alle Syntax Redensart auf Redensart häufen.« (EJ, 129 f.)

29 Arendt hält Eichmann zwar auch klar für schuldig und für verantwortlich, nimmt aber seine Beteuerungen insofern ernst, als dass sie darin eine für die bürokratische Herrschaft des Niemand charakteristische Einschätzung aller »Verantwortlichen« erkennt, die sich darauf zurückziehen, nicht selbst gehandelt und entschieden, sondern »nur« Gehorsam geleistet zu haben.

30 Golo Mann, Der verdrehte Eichmann, in: Hannah Arendt/Joachim Fest, Eichmann war von empörender Dummheit. Gespräche und Briefe, a.a.O., S. 113–126, S. 120.

31 Ebenda, S. 125 f.

32 So etwa Mary McCarthy, wenn sie feststellt, dass in einem Buch von zweihundertsechzig Seiten acht Seiten der Zusammenarbeit der jüdischen Führer mit Eichmanns Dienststelle gewidmet sind (Mary McCarthy, Ein Dokument ethischer Verantwortung. Zu Hannah Arendts Bericht »Eichmann in Jerusalem«, in: Hannah Arendt/Joachim Fest, Eichmann war von empörender Dummheit, a.a.O., S. 127–145, S. 130).

33 Bethania Assy, *Eichmann in Jerusalem*, in: Wolfgang Heuer/Bernd Heiter/Stefanie Rosenmüller (Hg.), Arendt-Handbuch. Leben – Werk – Wirkung, a.a.O., S. 92–98, S. 94.

34 Hannah Arendt, »Eichmann war von empörender Dummheit«. Die Rundfunksendung vom 9. November 1964, a.a.O., S. 49.

35 Zur missverständlichen Rezeption von »Kollektivschuld« und »kollektiver Komplizenschaft« siehe Helmut König, Kein Neubeginn. Hannah Arendt, die NS-Vergangenheit und die Bundesrepublik, in: Dominik Geppert/Jens Hacke (Hg.), Streit um den Staat. Intellektuelle

Debatten in der Bundesrepublik 1960–1980, Göttingen 2008, S. 113–134, S. 117.

36 Christian Volk, Die Ordnung der Freiheit. Recht und Politik im Denken Hannah Arendts, Baden-Baden 2010, S. 143.

37 Ernst Vollrath, Hannah Arendt über Meinung und Urteilskraft, in: Adelbert Reif (Hg.), Hannah Arendt. Materialien zu ihrem Werk, Wien/Zürich/München 1979, S. 85–107.

38 Zu den Parallelen zwischen Weber und Arendt vgl. auch Winfried Thaa, Politisches Handeln. Demokratietheoretische Überlegungen im Anschluss an Hannah Arendt, Baden-Baden 2011, S. 21–50.

39 Max Weber, Politik als Beruf; in: ders., Gesammelte Politische Schriften, hg. von Johannes Winckelmann, Tübingen 1988, S. 505–560, S. 524 f.

40 Zu den entscheidenden verfassungspolitischen Schriften von Weber gehören vor allem »Parlament und Regierung im neugeordneten Deutschland« (1918) und »Deutschlands künftige Staatsform« (1918), in: Max Weber, Gesammelte Politische Schriften, a.a.O., S. 306–443 und S. 448–483.

41 Claus Offe, Selbstbetrachtung aus der Ferne. Tocqueville, Weber und Adorno in den Vereinigten Staaten. Adorno-Vorlesungen 2003, Institut für Sozialforschung an der Johann-Wolfgang-Goethe-Universität Frankfurt am Main, Frankfurt/M. 2004, S. 69. – Offe rekurriert hier auf Webers Formulierung »Fachmenschen ohne Geist, Genußmenschen ohne Herz: dies Nichts bildet sich ein, eine nie vorher erreichte Stufe des Menschentums erstiegen zu haben« (Max Weber, Die protestantische Ethik und der Geist der Kapitalismus, in: ders., Gesammelte Aufsätze zur Religionssoziologie I, Tübingen 1988, S. 17–206, S. 204).

42 Es gibt bei Arendt freilich eine systematische Leerstelle hinsichtlich der wesentlichen Funktion, die sie dem Beamtenapparat für die technisch-organisatorische ›Abwicklung‹ politischer Entscheidungen, aber auch – wie im Weiteren noch ausgeführt wird – mit Blick auf »die Lösung der sozialen Frage« zuweist. Denn Arendt zufolge gehört die sozioökonomische Verfasstheit einer Gesellschaft nicht zum Gegenstandsbereich politischen Handelns.

43 Zu Webers Führungsbegriff siehe Grit Straßenberger, Politische Führung bei Robert Michels, Max Weber und Joseph Schumpeter, in: Harald Bluhm/Skadi Krause (Hg.), Robert Michels' *Soziologie des Partei-*

wesens. Oligarchien und Eliten – die Kehrseiten moderner Demokratie, Wiesbaden 2012, S. 192–213.

44 Max Weber, Wirtschaft und Gesellschaft. Grundriss der verstehenden Soziologie, Tübingen 1980, S. 28.

45 Hans-Peter Müller, Max Weber, Köln/Weimar/Wien 2007, S. 121 ff.

46 Harald Bluhm, Handeln und Verantwortung. Hannah Arendts Konzept politischen Denkens, in: Karl Graf Ballestrem/Volker Gerhardt/Henning Ottmann/Martyn P. Thompson (Hg.), Politisches Denken. Jahrbuch 2001, Stuttgart/Weimar 2001, S. 1–17, S. 6.

47 Carl Schmitt, Politische Theologie. Vier Kapitel zur Lehre von der Souveränität, Berlin 1996, sowie ders., Die Diktatur. Von den Anfängen des modernen Souveränitätsgedankens bis zum proletarischen Klassenkampf, Berlin 2006.

48 Carl Schmitt, Politische Theologie, a.a.O., S. 13.

49 Zu Schmitts »Verschwisterung von Dezisionismus und Ausnahmezustand« vgl. Henning Ottmann, Carl Schmitt, in: Karl Graf Ballestrem/Henning Ottmann (Hg.), Politische Philosophie des 20. Jahrhunderts, München 1990, S. 61–87.

50 Carl Schmitt, Der Begriff des Politischen, Berlin 1996, S. 26. – Zu Schmitts Begriff des Politischen vgl. Ernst-Wolfgang Böckenförde, Der Begriff des Politischen als Schlüssel zum staatsrechtlichen Werk Carl Schmitts, in: Helmut Quaritsch (Hg.), Complexio Oppositorum. Über Carl Schmitt, Berlin 1988, S. 283–299.

51 So verweist Arendt in *Elemente und Ursprünge totaler Herrschaft* durchaus positiv auf Schmitt, wenn sie in der Fußnote 17 vermerkt, dass seine *Politische Romantik* »immer noch das beste Werk über diesen Gegenstand [ist], das wir auch im folgenden noch häufiger benutzen werden« (EU, 280). Überhaupt finden sich im Totalitarismusbuch mehrere Einträge zu Schmitt, etwa wenn Arendt den gegen den Parteienstaat gerichteten Bewegungscharakter totalitärer Herrschaft betont (vgl. EU, 417, 421). Auf Schmitts Souveränitätsbegriff verweist Arendt allerdings nur in der 1960 erschienenen Fassung von »Freedom and Politics: A Lecture«. Hier heißt es in Bezug auf Schmitts *Verfassungslehre*: »Among modern political theorists, Carl Schmitt has remained the most consistent and the most able defender of the notion of sovereignty. He recognizes clearly that the root of sovereignty is the will: Sovereign is who wills and commands« (Arendt zitiert aus

der Anmerkung der Herausgeberin Ursula Ludz zu »Freiheit und Politik«, in: Hannah Arendt, Zwischen Vergangenheit und Zukunft. Übungen im politischen Denken I, hg. von Ursula Ludz, München 1994, S. 411, Fußnote 7). In die Version »What is Freedom?«, die später in *Between Past and Future* aufgenommen wurde, hat Arendt diese Anmerkung nicht übernommen. In der hier zitierten deutschen Fassung »Freiheit und Politik«, die als Nachdruck des 1958 in *Die neue Rundschau* 69 veröffentlichten Aufsatzes in *Zwischen Vergangenheit und Zukunft* aufgenommen wurde, verweist Arendt nicht auf Schmitt (vgl. die editorischen Anmerkungen von Ursula Ludz in *Zwischen Vergangenheit und Zukunft*, S. 410 f.).

52 Benhabib, Hannah Arendt. Die melancholische Denkerin der Moderne, a.a.O., S. 185.

53 Zu Arendts spezifischer Aristotelesrezeption, die von einem affirmativen Neoaristotelismus abzugrenzen ist, siehe Grit Straßenberger, Neoaristotelismus und narrativistische Wendungen politischer Theorie. Hannah Arendt, Michael Walzer und Martha Craven Nussbaum, in: Harald Bluhm/Jürgen Gebhardt (Hg.), Politische Ideengeschichte im 20. Jahrhundert. Konzepte und Kritik, Baden-Baden 2006, S. 155–180, v. a. S. 156 ff. – Die Diskussion um Arendts aristotelische Konzeption von Politik wird im abschließenden fünften Kapitel der vorliegenden Einführung dargestellt.

54 Im Interview mit Adelbert Reif, das der Studie *Macht und Gewalt* angefügt ist, sagt Arendt: »Die Revolutionäre machen nicht die Revolution! Die Revolutionäre sind diejenigen, die wissen, wann die Macht auf der Straße liegt und wann sie sie aufheben können!« (AIR, 111)

55 Hauke Brunkhorst, Die Produktivität der Macht. Hannah Arendts Revolutionierung des klassischen Begriffs der Politik, in: Lothar Fritze (Hg.), Hannah Arendt weitergedacht. Ein Symposium, Göttingen 2008, S. 57–70, S. 57.

56 Vgl. Brunkhorst, Die Produktivität der Macht, a.a.O.

57 Harald Bluhm, Hannah Arendt und das Problem der Kreativität politischen Handelns, in: Harald Bluhm/Jürgen Gebhardt (Hg.), Konzepte politischen Handelns. Kreativität – Innovation – Praxen, Baden-Baden 2001, S. 73–94, S. 79.

58 Die Rolle, die Arendt der politischen Theorie in diesem Prozess der kommunikativen Verarbeitung politischer Enttäuschungserfahrungen

zuweist, wird im dritten Kapitel der vorliegenden Einführung näher ausgeführt.

59 Zur Vertragstheorie vgl. Wolfgang Kersting, Die politische Philosophie des Gesellschaftsvertrages, Darmstadt 1994, sowie Karlfriedrich Herb, Zur Grundlegung der Vertragstheorie, in: Reinhard Brandt/Karlfriedrich Herb (Hg.), Klassiker Auslegen: Jean-Jacques Rousseau. Vom Gesellschaftsvertrag oder Prinzipien des Staatsrechts, Berlin 2000, S. 27–43.

60 Daher ist für Arendt Jean-Jacques Rousseau ebenso wenig anschlussfähig wie Thomas Hobbes. Im Gegensatz zu Rousseaus Idee demokratischer Selbstgesetzgebung bestimmt Arendt Freiheit gerade nicht als Autonomie, und zum anderen hält sie den Begriff des Gemeinwohls für problematisch. Die Tugend des Bürgers besteht für Arendt nicht darin, dass er seine Eigeninteressen dem Gemeinwohl unterordnet, sondern dass er die Fähigkeit entwickelt, seinen eigenen Standpunkt um die anderen im politischen Raum virulenten Perspektiven zu erweitern und auf diese Weise zu einer qualifizierteren politischen Meinung zu gelangen. Der Begriff für dieses Vermögen ist Gemeinsinn. – Zu Arendts Konzept der Urteilskraft vgl. Ernst Vollrath, Hannah Arendt über Meinung und Urteilskraft, a.a.O., sowie ders., Was ist das Politische? Eine Theorie des Politischen und seiner Wahrnehmung, Würzburg 2003. Zu Arendts Vertragsverständnis im Gegensatz zur Vertragstheorie siehe auch die sehr detaillierte und überzeugende Studie von Jürgen Förster, Die Sorge um die Welt und die Freiheit des Handelns. Zur institutionellen Verfassung der Freiheit im politischen Denken Hannah Arendts, Würzburg 2009, v. a. die Ausführungen zu »Versprechen und Verzeihen als menschliche Institutionen«, S. 273–309.

61 »Dadurch, daß Aristoteles in der *Politik* versucht, die Kategorie des Herrschens und Beherrschtwerdens in die Angelegenheiten der Polis einzuführen, entpolitisiert er eigentlich die Politik, das heißt: Er überträgt auf das Handeln und Zusammenleben der Polis Maßstäbe, die, wie er selbst an anderem Orte meinte, eigentlich nur für das Handeln und Zusammenleben in der privaten Sphäre des Haushalts gelten.« (WA, 185)

62 Harald Bluhm, Tugend, in: Wolfgang Heuer/Bernd Heiter/Stefanie Rosenmüller (Hg.), Arendt-Handbuch, a.a.O., S. 322–323.

63 Zu Arendts Machiavelli-Rezeption vgl. Grit Straßenberger, Konsens und Konflikt. Hannah Arendts Umdeutung des *uomo virtuoso*, in: Harald Bluhm/Karsten Fischer/Marcus Llanque (Hg.), Ideenpolitik. Geschichtliche Konstellationen und gegenwärtige Konflikte, Berlin 2011, S. 297–316.

64 Arendt entwickelt diese Kritik vor allem in dem Aufsatz »Ziviler Ungehorsam«, auf den im dritten Kapitel des vorliegenden Buchs noch einmal ausführlich eingegangen wird.

65 Herfried Münkler, Republikanische Tugend und Politische Energie. Die Idee der *virtù* im politischen Denken Machiavellis, in: Michael Th. Greven (Hg.), Politikwissenschaft als Kritische Theorie: Festschrift für Kurt Lenk, Baden-Baden 1994, S. 97–107, S. 98.

66 Herfried Münkler, Machiavelli. Die Begründung des politischen Denkens der Neuzeit aus der Krise der Republik Florenz, Frankfurt/M. 1995, S. 337.

67 Im siebzehnten Kapitel des *Principe* »Über Grausamkeit und Milde« wählt Machiavelli Cesare Borgia als Beispiel für einen erfolgreichen Herrscher (Niccolò Machiavelli, Der Fürst, übersetzt und hg. v. Rudolf Zorn, Stuttgart 1978, S. 67–71). Das Lob, das Machiavelli diesem »skrupellosen Tatmenschen« zusprach, der das moralisch Gebotene dem Nützlichen opferte, wendet sich vehement gegen eine verklärende politische Ethik, die den Staatsmann als gerecht, mutig, großgesinnt, besonnen, friedfertig und klug vorstellt. Mitunter verlange die politische Wirklichkeit eben, dass man die Gesinnung der Realität anpasst, wenn das gewünschte Resultat nicht zur Gesinnung passt (Alois Riklin, Die Führungslehre von Niccolò Machiavelli, Bern 1996, S. 107).

68 Hannah Arendt, Fernsehgespräch mit Roger Errera, in: dies., Ich will verstehen, a.a.O., S. 114–131, S. 122.

69 Arendt betont in diesem Zusammenhang, dass Robespierre mit Machiavelli gemeinsam habe, die Errichtung eines neuen politischen Gemeinwesens als Prozess eines notwendig gewaltvollen Herstellens zu konzipieren. »Für Machiavelli handelte es sich im wörtlichen Verstand des Wortes darum, ein geeintes Italien zu ›machen‹, und Robespierre wollte eine Republik herstellen. Die Rechtfertigung der Gewalt, die beiden eigentümlich ist, beruht in ihrer Plausibilität auf der nur angedeuteten Argumentation: Man kann keinen Tisch zimmern, ohne einen Baum zu fällen; man kann kein Omelett machen, ohne Eier zu

zerbrechen; kurz, wo gehobelt wird, da fallen Späne, und wo ein neuer politischer Körper gebildet werden soll, müssen Menschen getötet werden.« (WA, 196)

70 Dolf Sternberger, Drei Wurzeln der Politik, in: ders., Schriften Bd. II/1 und II/2, Frankfurt/M. 1978, S. 440 f.

71 Machiavelli, Der Fürst, a.a.O., VI. Kap., S. 21. In den *Discorsi* schreibt Machiavelli über den politischen Nutzen historischer Erfahrung: »Untersucht man also sorgfältig die Vergangenheit, so ist es ein leichtes, in jedem Staat die Zukunft vorherzusehen und die gleichen Mittel anzuwenden, die auch von den Alten angewandt wurden, oder bei ähnlichen Ereignissen neue auszudenken, wenn bereits erprobte Mittel nicht zur Hand sind.« (Machiavelli, Discorsi. Gedanken über Politik und Staatsführung, übers., eingel. u. erl. von Rudolf Zorn, Stuttgart 1977, I. Buch, 39. Kap., S. 107)

72 Das »offene« Verständnis von Geschichte, das Kausalitätsannahmen grundsätzlich ablehnt, entwickelt Arendt häufig in direktem Zusammenhang mit ihrem Politik- und Handlungsbegriff, wie etwa in der *Vita activa*, aber auch in den eher methodisch angelegten Aufsätzen »Natur und Geschichte«, »Geschichte und Politik in der Neuzeit«, »Verstehen und Politik«, die in dem Sammelband *Zwischen Vergangenheit und Zukunft* enthalten sind.

73 Münkler, Machiavelli, a.a.O., S. 248. – Zum Status der *necessità* als »Inbegriff des Determinierten, aber Vorhersehbaren in der Politik« innerhalb von Machiavellis politischer Führungslehre siehe auch Riklin, Die Führungslehre von Niccolò Machiavelli, a.a.O., S. 43 ff.

74 Bluhm, Handeln und Verantwortung, a.a.O., S. 2.

75 Das ist für Schmidt ein weiteres Unterscheidungsmerkmal zwischen führerdemokratischen und beteiligungszentrierten Demokratietheorien: »während die führerdemokratische Lehre von Max Weber ebenso wie die Ökonomische Theorie der Demokratie mit einem relativ schlanken Politikbegriff arbeitet, hantiert die beteiligungszentrierte Demokratietheorie mit einem expansionistischen Politikkonzept« (Manfred G. Schmidt, Demokratietheorien. Eine Einführung, Wiesbaden 2008, S. 240).

76 Ebenda, S. 237 ff.

77 Zum »Republikanismus« als politiktheoretische Bezeichnung einer spezifischen, vom Liberalismus unterschiedenen Tradition politischen

Denkens vgl. Marcus Llanque, Der Republikanismus: Geschichte und Bedeutung einer politischen Theorie, in: Berliner Debatte Initial, Heft 1, 2003, S. 3–15, sowie Emanuel Richter, Republikanische Politik. Demokratische Öffentlichkeit und politische Moralität, Reinbek bei Hamburg 2004.

78 Das Kunstwerk, schreibt Arendt in ihrem Aufsatz »Kultur und Politik«, ist weder problemlos reproduzierbar, noch hat es einen konkreten Zweck: Als dem Gebrauchsprozess partiell enthobenes Unikat ist es daher dauerhafter als andere hergestellte Produkte. Die Zwitterstellung des Kunstwerks drückt sich für Arendt aber auch darin aus, dass es zwar an die originäre Idee des Künstlers gebunden bleibt und dennoch von ihm als entäußertes, hergestelltes Produkt unterschieden ist. Der Künstler hat nach Fertigstellung kein Verfügungsrecht über die Art und Weise, wie sein Produkt betrachtet, interpretiert und gebraucht wird. Dieser Aspekt wird später relevant, wenn Arendt über die »Produkte« ihrer politischen Theorie sagt, dass sie in dem Moment, wo sie als vorläufig fertige Resultate dem öffentlichen Interpretationsprozess übergeben sind, eine vom Theoretiker unabhängige Bedeutungstransformation erfahren.

79 Aristoteles, Die Nikomachische Ethik, übers. u. hg. von Olof Gigon, München 1995, Buch VI.2, 1139b1.

80 Vgl. Harald Bluhm, Von Weimarer Existenzphilosophie zum politischen Denken. Hannah Arendts Krisenkonzept und ihre Auffassung politischer Erfahrung, in: Winfried Thaa/Lothar Probst (Hg.), Die Entdeckung der Freiheit: Amerika im Denken Hannah Arendts, Berlin 2003, S. 60–92, S. 70 ff.

81 Zu Arendts hermeneutischem Verständnis politischer Praxis vgl. Grit Straßenberger, Politik zwischen Freiheitsgewinn und Enttäuschungserfahrung. Zu den Kompensationsleistungen von politischer Theorie bei Hannah Arendt, in: Wolfgang Heuer/Irmela von der Lühe (Hg.), Dichterisch denken. Hannah Arendt und die Künste, Göttingen 2007, S. 227–242.

82 Seyla Benhabib, Hannah Arendt und die erlösende Kraft des Erzählens, in: Dan Diner (Hg.), Zivilisationsbruch. Denken nach Auschwitz, Frankfurt/M. 1988, S. 150–174, S. 167 f.

83 Elisabeth Young-Bruehl, Hannah Arendt, a.a.O., S. 550.

84 Ebenda, S. 550.

85 Arendt rekurriert in dieser Kritik auf das republikanische Subsidiaritätsprinzip, das, knapp gesagt, ein abgestuftes Zuständigkeitsprinzip meint. Danach werden die Angelegenheiten der Gemeinde von der Gemeinde besorgt, die Angelegenheiten der nächst höheren Verwaltungseinheit eben von dieser, die Angelegenheiten des Einzelstaats liegen in der Kompetenz der Einzelstaatsregierung, während der Zentralregierung nur bestimmte Aufgaben von nationalem Interesse zukommen. Dem Bund wird also nicht die gesamte gesetzgeberische und vollziehende Gewalt übertragen. Arendt zufolge haben die Federalists im 14. Artikel der *Federalist-Papers* mit der föderalen Machtteilung zwar die Zuständigkeit des Bundes auf bestimmte, einzeln aufgeführte Aufgaben beschränkt, die alle Mitgliedsstaaten betreffen und durch getrennte Vorkehrungen der Einzelnen nicht erbracht werden können (Alexander Hamilton/James Madison/John Jay, Die *Federalist*-Artikel. Politische Theorie und Verfassungskommentar der amerikanischen Gründerväter, hg., übers., eingel. u. komm. von Angela Adams/Willi P. Adams, Paderborn/München/Wien/Zürich 1994, S. 74 ff.). Sie haben aber das Subsidiaritätsprinzip nicht konsequent genug umgesetzt. Die Macht der Townships, also das Recht der lokalen Gemeinden auf politische Selbstverwaltung, wurde nicht angemessen berücksichtigt.

86 Arendt spielt hier auf mögliche Revolutionsoptionen an, wie sie sich trotz der gewalttätigen Beendigung der Ungarischen Revolution 1956 und des »Prager Frühlings« 1968 im »Osten« Europas ergeben.

87 Besonders die Ungarische Revolution von 1956 hat Arendt tief beeindruckt. Sie sah in dieser »spontanen Revolution« gegen die kommunistische, von der Sowjetunion dominierte Regierung die alte Erfahrung neu auftauchen, dass sich ein ganzes Volk plötzlich erhebt und »für die Freiheit und nichts sonst« aufsteht (UnR, 77).

88 Arendt rekurriert hier wieder auf das republikanische Prinzip, wonach Teilung der Macht nicht Minderung, sondern Erneuerung und Stabilisierung der Macht bedeutet (ÜR, 345). Die naheliegende Schlussfolgerung, dass dies gerade für ein Vielparteiensystem spräche, zieht Arendt freilich nicht, da Parteien für sie gerade keine Institutionen kommunikativer Macht darstellen.

89 So hat etwa Oliver Marchart Arendts republikanisches Konzept von Politik als eine Theorie radikaler Demokratie bezeichnet (Oliver

Marchart, Neu beginnen. Hannah Arendt, die Revolution und die Globalisierung, Wien 2005, S. 127).

90 Chantal Mouffe wird üblicherweise dem radikaldemokratischen Diskurs zugerechnet, ihr Modell einer »radikalen und pluralen Demokratie« lässt sich aber hinsichtlich der ideengeschichtlichen Referenzen wie stabilitätspolitischen Überlegungen eher in die Tradition eines »konfliktiven Liberalismus« einordnen (vgl. auch zum Folgenden: Vincent Rzepka/Grit Straßenberger, Für einen konfliktiven Liberalismus. Chantal Mouffes Verteidigung der liberalen Demokratie, in: Zeitschrift für politische Theorie, Heft 2, 2014, S. 217–233).

91 Chantal Mouffe, Das demokratische Paradox, Wien 2008, S. 111; so identisch in: Chantal Mouffe, Über das Politische. Wider die kosmopolitische Illusion, Frankfurt/M. 2007, S. 42.

92 Mouffe, Das demokratische Paradox, a.a.O., S. 21.

93 Ebenda, S. 103.

94 Arendt entwickelt diese Überlegungen ausführlich im zweiten Kapitel des Revolutionsbuchs, das den Titel »Die soziale Frage« trägt (ÜR, 73–146). Auf den Ausschluss der sozialen Frage und die damit verknüpften Argumente wird im folgenden Kapitel der vorliegenden Einführung noch einmal detailliert eingegangen.

95 Arendt hatte vor, eine Theorie der politischen Urteilskraft zu schreiben. Überlegungen dazu sollte der dritte Teil der Trilogie *Vom Leben des Geistes* bieten. Während sie die beiden ersten Teile über das »Denken« und das »Wollen« fertiggestellt hat, blieb der dritte Teil über das »Urteilen« ein Fragment. Genauer gesagt, gibt es nur Vorlesungsnotizen zu Kants Konzept der Urteilskraft, die Ronald Beiner posthum herausgegeben und durch einen längeren Essay ergänzt hat (Hannah Arendt, Das Urteilen. Texte zu Kants Politischer Philosophie, hg. und mit einem Essay von Ronald Beiner, München 1998). Zu Arendts Konzept der politischen Urteilskraft siehe v. a. die einschlägigen Texte von Ernst Vollrath.

96 Diskussion mit Freunden und Kollegen in Toronto, a.a.O., S. 112.

97 Hauke Brunkhorst, Demokratie und Differenz. Vom klassischen zum modernen Begriff des Politischen, Frankfurt/M. 1994, S. 105 ff.

98 Zitiert nach Young-Bruehl, Hannah Arendt, a.a.O., Fußnote 102, Anmerkungen zum 7. Kapitel, S. 689.

99 Zum Hintergrund des Falles »Little Rock« siehe die Anmerkungen zu *Little Rock* (LR, 191 ff.).

100 Young-Bruehl, Hannah Arendt, a.a.O., S. 429.

101 Ralph Ellison im Interview mit Robert Penn Warren, in: Who speaks for the Negro?, hier zitiert nach Young-Bruehl, Hannah Arendt, a.a.O., S. 436.

102 Benhabib, Hannah Arendt. Die melancholische Denkerin der Moderne, a.a.O., S. 240 ff.

103 Zum Wohlfahrtsausschuss als zentraler Institution des organisierten Terrors und zur Rolle von Robespierre siehe auch Rolf E. Reichardt, Das Blut der Freiheit. Französische Revolution und demokratische Kultur, Frankfurt/M. 1998, v. a. S. 156 ff.

104 Avishai Margalit, Über Kompromisse und faule Kompromisse, Berlin 2011, S. 69 ff.

105 Ebenda, S. 77.

106 Benhabib, Hannah Arendt. Die melancholische Denkerin der Moderne, a.a.O., S. 242.

107 Thorsten Bonacker, Die politische Theorie des freiheitlichen Republikanismus: Hannah Arendt, in: André Brodocz/Gary S. Schaal (Hg.), Politische Theorien der Gegenwart I. Eine Einführung, Opladen 2002, S. 183–219.

108 Gespräch mit Freunden in Toronto, a.a.O., S. 88. – »Busing« ist ein Fachwort aus der amerikanischen Diskussion um die Rassenintegration, das den Transport weißer und schwarzer Schüler in andere Stadtviertel meint.

109 Ebenda.

110 Ebenda, S. 91.

111 Ebenda, S. 74.

112 Ebenda.

113 Vgl. dazu Thomas Gutschker, Aristotelische Diskurse. Aristoteles in der politischen Philosophie des 20. Jahrhunderts, Stuttgart/Weimar 2002, v. a. S. 166–176, sowie Grit Straßenberger, Über das Narrative in der politischen Theorie, Berlin 2005, v. a. S. 79–91.

114 Vollrath, Hannah Arendt, a.a.O., S. 21.

115 Der Essay »Wahrheit und Politik« beziehungsweise »Wahrheit und Lüge in der Politik: Zwei Essays« enthält einen Aufsatz, den Arendt bereits 1964 veröffentlicht hat und in dem grundsätzlich das Verhält-

nis von Wahrheit, Meinung und Lüge behandelt wird, sowie den 1972 publizierten Aufsatz »Die Lüge in der Politik: Überlegungen zu den Pentagon-Papieren«. Arendt nimmt hier Bezug auf die 1971 in der *New York Times* veröffentlichten Auszüge aus einem geheimen Bericht des amerikanischen Verteidigungsministeriums zur Entwicklung des Vietnamkrieges. Durch die Veröffentlichung der sogenannten *Pentagon Papers* wurde das Ausmaß der Täuschung des Kongresses und der Öffentlichkeit über Ursachen, Ziele und Verlauf des Kriegs durch die Regierung ersichtlich (vgl. dazu Winfried Thaa, »Lying in Politics«/»Die Lüge in der Politik«, in: Wolfgang Heuer/Bernd Heiter/Stefanie Rosenmüller (Hg.), Arendt-Handbuch, a.a.O., S. 122–124, sowie Cláudia Perrone-Moises, »Wahrheit/Meinung/Lüge«, in: ebenda, S. 331–332.

116 Gutschker, Aristotelische Diskurse, a.a.O., S. 168.

117 Zur Unterscheidung zwischen Performanz und Performativität vgl. Vincent Rzepka, Sangspruch als *cultural performance*. Zur kulturellen Performativität der Sangspruchdichtung an Beispielen Walthers von der Vogelweide, Berlin 2011, S. 11–20, 65–73. – Für die im Folgenden weiter ausgeführte Differenzierung der verschiedenen Dimensionen des Performativen in Arendts politischer Theorie danke ich Vincent Rzepka.

118 Zum politisch-hermeneutischen Problem vgl. Hans-Jörg Sigwart, Politische Hermeneutik. Verstehen, Politik und Kritik bei John Dewey und Hannah Arendt, Würzburg 2012.

119 Zu Arendts Kant-Rezeption vgl. Straßenberger, Über das Narrative in der politischen Theorie, a.a.O., S. 81–91.

120 Zum »kleinen Eklat« um *Little Rock* und zum »großen Eklat« um Arendts Eichmannbuch vgl. Vowinckel, Hannah Arendt, a.a.O., S. 49–66.

121 Ebenda, S. 52.

122 Ebenda, S. 54; vgl. auch Young-Bruehl, Hannah Arendt, a.a.O., S. 429.

123 Ebenda, S. 52. Vgl. auch die Rekonstruktion der wesentlichen Argumente von David Spitz in den Anmerkungen zu *Little Rock* durch die Herausgeberin der Essay-Sammlung *Zur Zeit* Marie Luise Knott (Hannah Arendt, Zur Zeit. Politische Essays, hg. von Marie Luise Knott, München 1989, S. 193 f.).

124 Young-Bruehl, Hannah Arendt, a.a.O., S. 434. – In ihrer Erwiderung auf die Kritik geht Arendt auf den Brief von Hook überhaupt nicht

ein, entgegnet Tumin, er habe sich durch den gewählten Ton seiner Widerlegung selbst als Diskussionsteilnehmer disqualifiziert, um dann Mr. Spitz für seine faire Argumentation zu danken, aber festzustellen, dass er sie leider gänzlich missverstanden habe (LR, 113).

125 Diskussion mit Freunden und Kollegen in Toronto, a.a.O., S. 110.

126 Wolfgang Heuer, Ein schwieriger Dialog. Die Hannah Arendt-Rezeption im deutschsprachigen Raum, in: Daniel Ganzfried/Sebastian Hefti (Hg.), Hannah Arendt – Nach dem Totalitarismus, Hamburg 1997, S. 21–27, S. 22.

127 Gutschker, Aristotelische Diskurse, a.a.O., S. 8.

128 Jürgen Habermas, Der philosophische Diskurs der Moderne. Zwölf Vorlesungen, Frankfurt/M. 1985, S. 16.

129 Jürgen Habermas, Rückkehr zur Metaphysik? – Eine Sammelrezension, in: ders., Nachmetaphysisches Denken. Philosophische Aufsätze, Frankfurt/M. 1992, S. 267–279, S. 270 f.

130 Jürgen Habermas, Die Kulturkritik der Neokonservativen in den USA und in der Bundesrepublik, in: ders., Die neue Unübersichtlichkeit. Kleine politische Schriften V, Frankfurt/M. 1985, S. 30–56, S. 41.

131 Jürgen Habermas, Hannah Arendt: Die Geschichte von den zwei Revolutionen, in: ders., Philosophisch-politische Profile, Frankfurt/M. 1998, S. 223–228, hier: S. 224.

132 Jürgen Habermas, Hannah Arendts Begriff der Macht, in: ders., Philosophisch-politische Profile, a.a.O., S. 228–248, S. 238.

133 Die Rezension zum Revolutionsbuch erschien 1966, die Besprechung von Arendts Begriff der Macht 1976.

134 Jürgen Habermas, Alfred Schütz. Die Graduate Faculty der New School of Social Research, in: ders., Philosophisch-politische Profile, a.a.O., S. 402–410, S. 404.

135 Habermas, Hannah Arendts Begriff der Macht, a.a.O., S. 231.

136 Seyla Benhabib, Modelle des öffentlichen Raums. Hannah Arendt, die liberale Tradition und Jürgen Habermas, in: Soziale Welt, Jg. 42, Heft 2, 1991, S. 147–165.

137 In ihrer einflussreichen Monographie *Hannah Arendt. Die melancholische Denkerin der Moderne* (1998) verfolgt Benhabib erklärtermaßen die Intention, über die Dezentrierung der *Vita activa* und die Fokussierung auf die eher randständigen Werke, wie das Buch über Rahel

Varnhagen, eine »alternative Genealogie« der Moderne im Werk Arendts ausfindig zu machen.

138 Siehe einführend dazu Mattias Iser/David Strecker, Jürgen Habermas zur Einführung, Hamburg 2010, 3. und 4. Kap., sowie Walter Reese-Schäfer, Jürgen Habermas, Frankfurt/M. 2001, 4. und 5. Kap. – Kritisch zu Habermas' deliberativer Umdeutung von Arendt vgl. Thaa, Politisches Handeln, a.a.O., S. 100–127.

139 Die These eines geschichtlichen Zusammenhangs zwischen alter Politie und dem modernen westlichen Verfassungsstaat entwickelt Sternberger in verschiedenen Aufsätzen (vgl. v. a. Dolf Sternberger, Herrschaft und Vereinbarung, in: ders., Herrschaft und Vereinbarung, Schriften, Bd. III, Frankfurt/M. 1980, S. 113–134; ders., Verfassungspatriotismus, Schriften, Bd. X., Frankfurt/M. 1990). Zur kritischen Würdigung Arendts vgl. Dolf Sternberger, Die versunkene Stadt. Über Hannah Arendts Idee der Politik, in: ders., Staatsfreundschaft. Schriften IV, Frankfurt/M. 1980, S. 171–189.

140 Dolf Sternberger, Drei Wurzeln der Politik, a.a.O., S. 441.

141 Ernst Vollrath, Die Rekonstruktion der politischen Urteilskraft, Stuttgart 1977; ders., Hannah Arendt über Meinung und Urteilskraft, a.a.O.

142 Ernst Vollrath, Die Originalität des Beitrages von Hannah Arendt zur Theorie des Politischen, in: Eveline Valtink (Hg.), Macht und Gewalt, Evangelische Akademie 1989, S. 7–23, S. 14.

143 Vollrath, Was ist das Politische?, a.a.O., S. 76 ff.

144 Ebd., S. 197.

145 Ebd., S. 220.

146 So erkennt Franco Volpi in Arendts Kritik an der Reduzierung des Politischen auf eine bloß instrumentelle Technik zur Ergreifung und Erhaltung der Macht eine von Martin Heidegger inspirierte, ihn aber in der Herausstellung des interpersonalen, pluralen und öffentlichen Charakters positiv wendende neoaristotelische Rehabilitierung der Praxis. Für ihn stellt dies zwar ein angebrachtes Paradigma zur Rückgewinnung der Authentizität des Politischen bereit, er sieht jedoch die Gefahr, dass die *Vita activa* eine bloße Utopie der Polis in Aussicht stellt, wenn moderne Errungenschaften wie Gesetzgebung, Repräsentation und die Bindung an Institutionen zu kurz kommen (Franco

Volpi, Hannah Arendts Rehabilitierung der Praxis, in: Internationale Zeitschrift für Philosophie, Heft 1, 2007, S. 78–91, S. 86 ff.).

147 Brunkhorst, Demokratie und Differenz, a.a.O., S. 20, 105 ff.

148 Margaret Canovan, Hannah Arendt. A Reinterpretation of Her Political Thought, Cambridge 1992.

149 Claude Lefort, Überlegungen zum Begriff der totalen Herrschaft, in: Daniel Ganzfried/Sebastian Hefti (Hg.), Hannah Arendt – Nach dem Totalitarismus, a.a.O., S. 31–53.

150 Marcel Gauchet, Die totalitäre Erfahrung und das Denken des Politischen, in: Ulrich Rödel (Hg.), Autonome Gesellschaft und libertäre Demokratie, Frankfurt/M. 1990, S. 207–238.

151 Vgl. Ulrich Rödel/Helmut Dubiel/Günter Frankenberg, Die demokratische Frage, Frankfurt/M. 1989.

152 Dick Howard, Demokratische Republik oder republikanische Demokratie? Die Bedeutung der amerikanischen und der Französischen Revolution nach 1989, in: Hauke Brunkhorst/Peter Niesen (Hg.), Das Recht der Republik. Frankfurt/M. 1999, S. 169-187, S. 187.

153 Micha Brumlik, Zwischen Polis und Weltgesellschaft. Hannah Arendt in unserer Gegenwart, in: Heinrich-Böll-Stiftung (Hg.), Hannah Arendt: Verborgene Tradition – Unzeitgemäße Aktualität?, Berlin 2007, S. 311–329.

154 Oliver Marchart, Neu beginnen. Hannah Arendt, die Revolution und die Globalisierung, Wien 2005, S. 127.

155 Ebd., S. 131 ff.

156 Ebd., S. 138 ff.

157 Ebd., S. 170 ff.

158 Ebd., S. 173.

159 Christian Volk, Zwischen Entpolitisierung und Radikalisierung – Zur Theorie von Demokratie und Politik in Zeiten des Widerstands, in: Politische Vierteljahresschrift 2013, Jg. 54, Heft 1, S. 75–110, S. 99.

160 Thorsten Thiel, Politik, Freiheit und Demokratie – Hannah Arendt und der moderne Republikanismus, in: Julia Schulze Wessel/Christian Volk/Samuel Salzborn (Hg.), Ambivalenzen der Ordnung. Der Staat im Denken Hannah Arendts, Wiesbaden 2013, S. 259–282, S. 268.

161 Ebd., S. 270; vgl. auch Volk, Zwischen Entpolitisierung und Radikalisierung, a.a.O., S. 99 f.

162 Teresa Orozco, Zur Renaissance des Unpolitischen. Arendt-Lektüren wiedergelesen, in: Berliner Debatte Initial, Heft 3, 1999, S. 390–410, S. 97.

163 Maurizio Passerin d'Entrèves, The Political Philosophy of Hannah Arendt, London 1994, S. 84ff.

164 Orozco, Zur Renaissance des Unpolitischen, a.a.O., S. 103.

165 Ebenda, S. 104.

166 Bonnie Honig, Agonaler Feminismus. Hannah Arendt und die Identitätspolitik, in: Geschlechterverhältnisse und Politik, hg. vom Institut für Sozialforschung, Frankfurt/M. 1994, S. 43–71.

167 Bonnie Honig, The Politics of Agonism, in: Political Theory, Heft 3, 1993, S. 528–533.

168 Judith Butler, Anmerkungen zu einer performativen Theorie der Versammlung, Berlin 2016, S. 99, 103.

169 Ebenda, S. 99 f.

170 Ebenda, S. 119.

171 Ebenda, S. 19.

172 Dana Villa, Friedrich Nietzsche, in: Wolfgang Heuer/Bernd Heiter/Stefanie Rosenmüller, Arendt-Handbuch, a.a.O., S. 228–233; vgl. auch ders., Arendt an Heidegger, Princeton 1996, v.a. S. 53, 80 ff.

173 Dana Villa, Democratizing the Agon: Nietzsche, Arendt and the Agonistic Tendency in Recent Political Theory, in: ders., Politics, Philosophy, Terror. Essays in the Thought of Hannah Arendt, Yale 1999, S. 107–126.

174 Benhabib, Hannah Arendt. Die melancholische Denkerin der Moderne, a.a.O., S. 154 f.

Siglen

AIR — Hannah Arendt, Interview mit Adelbert Reif, in: dies., Macht und Gewalt, München 1990, S. 107-133.

BwJa — Arendt, Hannah/Jaspers, Karl, Briefwechsel 1926–1969, hg. von Lotte Köhler und Hans Saner, München 1993.

BwM — Arendt, Hannah/McCarthy, Mary, Im Vertrauen. Briefwechsel 1949–1976, hg. von Carol Brightman, München 1997.

BwSch — Arendt, Hannah/Scholem, Gershom, Der Briefwechsel, hg. von Marie Luise Knott, Berlin 2010.

DM — Über den Zusammenhang von Denken und Moral, in: Hannah Arendt, Zwischen Vergangenheit und Zukunft. Übungen im politischen Denken I, hg. von Ursula Ludz, München 1994, S. 128–155.

DT — Denktagebuch 1950 bis 1973. 2. Bde., hg. von Ursula Ludz und Ingeborg Nordmann, München 2002.

EJ — Eichmann in Jerusalem. Ein Bericht von der Banalität des Bösen, Leipzig 1990.

EU — Elemente und Ursprünge totaler Herrschaft, München 1991.

FP — Freiheit und Politik, in: Hannah Arendt, Zwischen Vergangenheit und Zukunft. Übungen im politischen Denken I, hg. von Ursula Ludz, München 1994, S. 201–226.

GG — Fernsehgespräch mit Günter Gaus, in: Hannah Arendt, Ich will verstehen. Selbstauskünfte zu Leben und Werk, hg. von Ursula Ludz, München 1996, S. 44–70.

GL — Gedanken zu Lessing: Von der Menschlichkeit in finsteren Zeiten, in: Hannah Arendt, Menschen in finsteren Zeiten, hg. von Ursula Ludz, München 1989, S. 17–48.

ID — Isak Dinesen (d.i. Tania Blixen), in: Hannah Arendt, Menschen in finsteren Zeiten, hg. von Ursula Ludz, München 1989, S. 113–130.

KP Kultur und Politik, in: Hannah Arendt, Zwischen Vergangenheit und Zukunft. Übungen im politischen Denken I, hg. von Ursula Ludz, München 1994, S. 277–304.

LGD Vom Leben des Geistes. Das Denken, hg. von Mary McCarthy, München 1998, S. 9–240.

LGW Vom Leben des Geistes. Das Wollen, hg. von Mary McCarthy, München 1998, S. 241–507.

LR Little Rock, in: Hannah Arendt, Zur Zeit. Politische Essays, hg. von Marie Luise Knott, München 1989, S. 95–117.

MG Macht und Gewalt, München 1990.

MH Martin Heidegger ist achtzig Jahre alt, in: Hannah Arendt, Menschen in finsteren Zeiten, hg. von Ursula Ludz, München 1989, S. 172–184.

NG Natur und Geschichte, in: Hannah Arendt, Zwischen Vergangenheit und Zukunft. Übungen im politischen Denken I, hg. von Ursula Ludz, München 1994, S. 54–79.

PV Persönliche Verantwortung in der Diktatur, in: Hannah Arendt, Israel, Palästina und der Antisemitismus. Aufsätze, hg. von Eike Geisel/Klaus Bittermann, Berlin 1991, S. 7–38.

RF Revolution und Freiheit, in: Hannah Arendt, Zwischen Vergangenheit und Zukunft. Übungen im politischen Denken I, hg. von Ursula Ludz, München 1994, S. 227–251.

RV Rahel Varnhagen. Lebensgeschichte einer deutschen Jüdin aus der Romantik, München 1992.

TN Tradition und die Neuzeit, in: Hannah Arendt, Zwischen Vergangenheit und Zukunft. Übungen im politischen Denken I, hg. von Ursula Ludz, München 1994, S. 23–53.

U Das Urteilen. Texte zu Kants Politischer Philosophie, hg. und mit einem Essay von Ronald Beiner, München 1998.

UnR Die Ungarische Revolution und der totalitäre Imperialismus, München 1958.

ÜR Über die Revolution, München 1994.

VA Vita activa oder Vom tätigen Leben, München 1992.

VP Verstehen und Politik, in: Hannah Arendt, Zwischen Vergangenheit und Zukunft. Übungen im politischen Denken I, hg. von Ursula Ludz, München 1994, S. 110–127.

VS Die vollendete Sinnlosigkeit, in: Hannah Arendt, Israel, Palästina und der Antisemitismus, hg. von Eike Geisel / Klaus Bittermann, Berlin 1991, S. 77–94.

VT Die verborgene Tradition, in: Hannah Arendt, Die verborgene Tradition. Essays, Frankfurt/M. 1976, S. 50–79.

WA Was ist Autorität?, in: Hannah Arendt, Zwischen Vergangenheit und Zukunft. Übungen im politischen Denken I, hg. von Ursula Ludz, München 1994, S. 159–200.

WaP Wahrheit und Politik, in: Hannah Arendt, Zwischen Vergangenheit und Zukunft. Übungen im politischen Denken I, hg. von Ursula Ludz, München 1994, S. 327–370.

WB Walter Benjamin, in: Hannah Arendt, Menschen in finsteren Zeiten, hg. von Ursula Ludz, München 1989, S. 185–242.

WP Was ist Politik? Fragmente aus dem Nachlass, hg. von Ursula Ludz, München 2003.

ZU Ziviler Ungehorsam, in: Hannah Arendt, Zur Zeit. Politische Essays, hg. von Marie Luise Knott, München 1989, S. 119–159.

Auswahlliteratur

Benhabib, Seyla, Hannah Arendt. Die melancholische Denkerin der Moderne, Hamburg 1998.

Benhabib, Seyla, Hannah Arendt und die erlösende Kraft des Erzählens, in: Dan Diner (Hg.), Zivilisationsbruch. Denken nach Auschwitz, Frankfurt/M. 1988, S. 150–174.

Bluhm, Harald, Hannah Arendt und das Problem der Kreativität politischen Handelns, in: ders./Jürgen Gebhardt (Hg.), Konzepte politischen Handelns. Kreativität – Innovation – Praxen, Baden-Baden 2001, S. 73–94.

Bluhm, Harald, Von Weimarer Existenzphilosophie zum politischen Denken. Hannah Arendts Krisenkonzept und ihre Auffassung politischer Erfahrung, in: Winfried Thaa/Lothar Probst (Hg.), Die Entdeckung der Freiheit: Amerika im Denken Hannah Arendts, Berlin 2003, S. 60–92.

Bonacker, Thorsten, Die politische Theorie des freiheitlichen Republikanismus. Hannah Arendt, in: André Brodocz/Gary S. Schaal (Hg.), Politische Theorien der Gegenwart I. Eine Einführung, Opladen 2002, S. 183–219.

Brunkhorst, Hauke, Die Produktivität der Macht. Hannah Arendts Revolutionierung des klassischen Begriffs der Politik, in: Lothar Fritze (Hg.), Hannah Arendt weitergedacht. Ein Symposium, Göttingen 2008, S. 57–70.

Canovan, Margaret, Hannah Arendt. A Reinterpretation of Her Political Thought, Cambridge 1992.

Förster, Jürgen, Die Sorge um die Welt und die Freiheit des Handelns. Zur institutionellen Verfassung der Freiheit im politischen Denken Hannah Arendts, Würzburg 2009.

Gutschker, Thomas, Aristotelische Diskurse. Aristoteles in der politischen Philosophie des 20. Jahrhunderts, Stuttgart/Weimar 2002.

Heuer, Wolfgang, Hannah Arendt, Reinbek bei Hamburg 1995.

Honig, Bonnie, Agonaler Feminismus. Hannah Arendt und die Identitätspolitik, in: Geschlechterverhältnisse und Politik, hg. v. Institut für Sozialforschung Frankfurt, Frankfurt/M. 1994, S. 43–71.

Llanque, Marcus, Der Republikanismus: Geschichte und Bedeutung einer politischen Theorie, in: Berliner Debatte Initial, 2003, Jg. 14, Heft 1, S. 3–15.

Mommsen, Hans, Hannah Arendt und der Prozeß gegen Adolf Eichmann, in: Hannah Arendt, Eichmann in Jerusalem. Ein Bericht von der Banalität des Bösen, Leipzig 1990, S. 5–48.

Nordmann, Ingeborg, Hannah Arendt, Frankfurt/M. 1994.

Nullmeier, Frank, Agonalität – Von einem kultur- zu einem politikwissenschaftlichen Grundbegriff, in: Michael Th. Greven/Herfried Münkler/Rainer Schmalz-Bruns (Hg.), Bürgersinn und Kritik, Baden-Baden 1998, S. 85–120.

Passerin d'Entrèves, Maurizio, The Political Philosophy of Hannah Arendt, London 1994.

Richter, Emanuel, Republikanische Politik. Demokratische Öffentlichkeit und politische Moralität, Reinbek bei Hamburg 2004.

Schulze Wessel, Julia, Ideologie der Sachlichkeit. Hannah Arendts politische Theorie des Antisemitismus, Frankfurt/M. 2006.

Smith, Gary (Hg.), Hannah Arendt Revisited: »Eichmann in Jerusalem« und die Folgen, Frankfurt/M. 2000.

Sontheimer, Kurt, Hannah Arendt. Der Weg einer großen Denkerin, München 2013.

Straßenberger, Grit, Neoaristotelismus und narrativistische Wendungen politischer Theorie. Hannah Arendt, Michael Walzer und Martha Craven Nussbaum, in: Harald Bluhm/Jürgen Gebhardt (Hg.), Politische Ideengeschichte im 20. Jahrhundert. Konzepte und Kritik, Baden Baden 2006, S. 155–180.

Straßenberger, Grit, Politik zwischen Freiheitsgewinn und Enttäuschungserfahrung. Zu den Kompensationsleistungen von politischer Theorie bei Hannah Arendt, in: Wolfgang Heuer/Irmela von der Lühe (Hg.), Dichterisch denken. Hannah Arendt und die Künste, Göttingen 2007, S. 227–242.

Straßenberger, Grit, Konsens und Konflikt. Hannah Arendts Umdeutung des *uomo virtuoso*, in: Harald Bluhm/Karsten Fischer/Marcus Llanque

(Hg.), Ideenpolitik. Geschichtliche Konstellationen und gegenwärtige Konflikte, Berlin 2011, S. 297–316.
Thaa, Winfried, Politisches Handeln. Demokratietheoretische Überlegungen im Anschluss an Hannah Arendt, Baden-Baden 2011.
Volk, Christian, Die Ordnung der Freiheit. Recht und Politik im Denken Hannah Arendts, Baden-Baden 2010.
Vollrath, Ernst, Die Rekonstruktion der politischen Urteilskraft, Stuttgart 1977.
Vollrath, Ernst, Hannah Arendt und die Methode des politischen Denkens, in: Adelbert Reif (Hg.), Hannah Arendt. Materialien zu ihrem Werk, Wien/Zürich/München 1979, S. 59–84.
Vollrath, Ernst, Hannah Arendts ›Kritik der politischen Urteilskraft‹, in: Peter Kemper (Hg.), Die Zukunft des Politischen. Ausblicke auf Hannah Arendt, Frankfurt/M. 1993, S. 34–54.
Vollrath, Ernst, Was ist das Politische? Eine Theorie des Politischen und seiner Wahrnehmung, Würzburg 2003.
Vowinckel, Annette, Hannah Arendt, Leipzig 2006.
Wild, Thomas, Hannah Arendt. Leben, Werk, Wirkung, Frankfurt/M. 2006.
Young-Bruehl, Elisabeth, Hannah Arendt. Leben, Werk und Zeit, Frankfurt/M. 1991.

Personen- und Sachregister

Zeittafel

1906	Hannah Arendt wird am 14. Oktober in Hannover geboren.
1909	Die Familie zieht nach Königsberg um.
1924	Arendt legt das Abitur in Königsberg als externe Schülerin ab.
1924–28	Arendt studiert Philosophie (Hauptfach), protestantische Theologie und griechische Philologie an den Universitäten Marburg, Freiburg und Heidelberg (vor allem bei Martin Heidegger, Rudolf Bultmann, Edmund Husserl und Karl Jaspers).
1928	Arendt promoviert bei Karl Jaspers mit einer Arbeit zum *Liebesbegriff bei Augustin*; die Arbeit wird 1929 als Buch publiziert.
1929	Arendt heiratet Günther Stern, der sich später Günther Anders nennt.
1930–33	Arendt beginnt ihre Forschungsarbeit über deutsch-jüdische Assimilation am Beispiel von Rahel Varnhagen; veröffentlicht wird die Studie nach mehrjähriger Unterbrechung erst 1958 unter dem Titel *Rahel Varnhagen: The Life of a Jewess* (dt. 1959 *Rahel Varnhagen: Lebensgeschichte einer deutschen Jüdin aus der Romantik*).
1933	Im Juli wird Arendt von der Gestapo in Berlin verhaftet und flieht nach ihrer Freilassung mit ihrer Mutter nach Paris.
1933–40	Im Pariser Exil übernimmt Arendt verschiedene Tätigkeiten im Rahmen zionistischer Politik, vor allem im Bereich der Kinder- und Jugendarbeit.
1937	Arendt wird die deutsche Staatsbürgerschaft aberkannt.
1940	Nach ihrer Scheidung von Günther Stern (1937) heiratet Arendt Heinrich Blücher.
1940	Von Mai bis Juli ist Arendt als »feindliche Ausländerin« im südfranzösischen Lager Gurs interniert.
1941	Arendt flieht gemeinsam mit Heinrich Blücher in die USA; im Mai trifft sie mit dem Schiff aus Lissabon in New York ein; die Mutter, Martha Beerwald, reist einen Monat später

ein und lebt bis zu ihrem Tod 1948 bei den Blüchers in New York.

1941–52 Arendt arbeitet als politische Journalistin, unter anderem bei der deutschsprachigen Emigrantenzeitung *Der Aufbau*; ist Lektorin beim Schocken Verlag und anschließend Geschäftsführerin der Jewish Cultural Reconstruction.

1949–50 Während ihrer ersten Europareise nach der Emigration trifft Arendt Freunde und Bekannte aus der Jugend- und Studienzeit sowie ihre beiden Lehrer Martin Heidegger und Karl Jaspers.

1951 Das Buch *The Origins of Totalitarianism* erscheint in den USA (dt. 1955 *Elemente und Ursprünge totaler Herrschaft*); Arendt wird US-amerikanische Staatsbürgerin.

1953–62 Arendt lehrt an verschiedenen amerikanischen Universitäten, unter anderem an der University of Notre Dame in Notre Dame, Indiana, der University of California in Berkeley, der University of Chicago, der Princeton University, der Columbia University und der Northwestern University.

1957 Die Essaysammlung *Fragwürdige Tatbestände im politischen Denken der Gegenwart* erscheint.

1958 Arendt veröffentlicht *The Human Condition* (dt. 1960 *Vita avtiva oder Vom tätigen Leben*) sowie die Studie *Die Ungarische Revolution und der totalitäre Imperialismus.*

1959 Arendt erhält den Lessingpreis der Freien und Hansestadt Hamburg. Ihre in die Essaysammlung *Menschen in finsteren Zeiten* aufgenommene Dankesrede enthält zentrale Überlegungen zu Kritik und Unparteilichkeit.

1961 Arendt nimmt als Reporterin für die Wochenzeitschrift *The New Yorker* am Eichmann-Prozess in Jerusalem teil. – Die später (1968) um zwei weitere Texte ergänzte Essaysammlung *Between Past and Future. Six Exercises in Political Thought* erscheint (dt. 1994 *Zwischen Vergangenheit und Zukunft. Übungen im politischen Denken I*).

1963 Mit der Veröffentlichung *Eichmann in Jerusalem. A Report on the Banality of Evil* – zunächst als fünfteilige Artikelserie im *New Yorker* und dann als Buch (dt. 1964 *Eichmann in Jerusalem: Ein Bericht von der Banalität des Bösen*) – beginnt die über drei Jahre andauernde internationale Kontroverse um Arendts Prozessbericht. – Wegen der öffentlichen Debatten um das Eichmannbuch wurde Arendts wichtige Studie *On Revolution* (dt. 1965 *Über die Revolution*), in der sie über den Vergleich zwischen der Französischen und der Amerikanischen Revolution das Modell einer erfolgreichen Revolution entwickelt, zunächst kaum wahrgenommen.

1963–67 Professur mit reduzierter Lehrtätigkeit an der University of Chicago.

1967–75 Professur mit reduzierter Lehr- und Präsenzpflicht an der Graduate Faculty der New School for Social Research in New York.

1968 Die Porträtsammlung *Men in Dark Times* wird veröffentlicht (dt. 1989 *Menschen in finsteren Zeiten*), in der Arendt im literarischen Format des Porträts grundlegende Fragen zu Kritik, Unparteilichkeit, Gemeinsinn und narrativer Sinnstiftung behandelt.

1969 Karl Jaspers stirbt in Basel.

1970 Heinrich Blücher stirbt in New York.

1971 Das Bundesverfassungsgericht fällt eine Grundsatzentscheidung, auch »Lex Arendt« genannt, wonach von nun an jüdische Wissenschaftler Wiedergutmachungsansprüche erfolgreich durchsetzen können.

1973–74 Arendt hält eine zweiteilige Vorlesungsreihe im Rahmen der Gifford Lectures an der University of Aberdeen, Schottland, aus der dann die ersten beiden des auf drei Bände angelegten und posthum (1978) von Mary McCarthy herausgegebenen Werks *The Life of the Mind. Thinking* und *The Life of the Mind. Willing* hervorgehen (dt. 1979 *Vom Leben des Geistes. Das Denken. Das Wollen*). Arendt erleidet während des zweiten Teils einen Herzinfarkt und muss die Vorlesungsreihe abbrechen.

1975 Hannah Arendt stirbt am 4. Dezember 1975 an einem Herzinfarkt in ihrer New Yorker Wohnung. Sie hatte gerade mit der Niederschrift des dritten Teils ihrer Trilogie *Vom Leben des Geistes* über das »Urteilen« begonnen. Bei dem posthum 1985 von Ronald Beiner herausgegebenen Band *Das Urteilen. Texte zu Kants Politischer Philosophie* handelt es sich um eine Zusammenstellung von Vorlesungsmanuskripten und Fragmenten, die nicht für eine Veröffentlichung vorgesehen waren.

Grit Straßenberger hat an der Humboldt-Universität zu Berlin Sozialwissenschaften studiert und ist seit 2015 Professorin für Politikwissenschaft an der Rheinischen Friedrich-Wilhelms-Universität Bonn. Veröffentlichungen u.a.: *Über das Narrative in der politischen Theorie*, Berlin: Akademie-Verlag 2005; *Politische Theorie und Ideengeschichte. Eine Einführung*, München: Verlag C.H. Beck 2016 (gem. mit Herfried Münkler); *Staatserzählungen. Die Deutschen und ihre politische Ordnung*, Berlin: Rowohlt Berlin Verlag 2018 (hg. mit Felix Wassermann).